特別支援教育サポートBOOKS

タブレットPCを学習サポートに使うための Q&A

河野俊寛 著

明治図書

まえがき

　平成24年度から実施されている学習指導要領においては，情報教育や授業におけるICT活用など学校における教育の情報化について，前の学習指導要領よりもより一層の充実が図られています。さらに，その教育の情報化が，円滑かつ確実に実施されることを目指した「教育の情報化に関する手引」も平成22年に公表されています。この教育の情報化の流れは，平成30年度から先行実施されている新学習指導要領においても，「情報活用能力の育成」がその中心の一つとして置かれていることからわかるように，継続発展しています。

　特別支援教育においても，教育の情報化は無縁ではありません。「教育の情報化に関する手引」の第9章が，「特別支援教育における教育の情報化」と題して一つの章が割かれています。その中で情報機器は，「特別な支援を必要とする児童生徒に対してその障害の状態や発達の段階等に応じて活用することにより，学習上又は生活上の困難を改善・克服させ，指導の効果を高めることができる有用な機器である」と書かれています。

　これまで教育のICT活用というと，学びの質を高めるツールという文脈で語られることが多かったかもしれません。しかし，「教育の情報化に関する手引」の第9章に書かれていることはそうではありません。すでにある力をさらに強くするエンハンスメントのためのツールとしてではなく，困難や弱さを補ったり補助したりするサポートツールとしてICTが活用できる，ということが書かれています。

　本書は，上記の「教育の情報化に関する手引」第9章に書かれているような，何らかの困難や弱さがあるために学習にスムーズに取り組めない子どもたちが，タブレットPCを学習サポートツールとして活用して，楽に学習することを目指して書かれました。

確かに，すでに特別なニーズのある子どもたちの教育にタブレットPCの導入が進んでいます。しかし教員からは，それらタブレットPCをどう使えばいいのかわからない，という正直な声も聞こえてきます。逆に保護者からは，タブレットPCを万能のサポートツールと思い込んでしまったのか，学校現場になんとしても持ち込みたい，という声も聞きます。また，すでに使われている学校現場では，単にドリルアプリを使うだけであったり，本人が楽しそうにしているという理由でゲームを余暇に使っていたりするケースも，決して少なくないようです。

　本書では，現場の先生方や保護者の方が知りたいと思っている，タブレットPCを学習のサポートツールとして活用する方法や疑問点に対して具体的に答えています。Ｑ＆Ａ形式にしてありますから，Ｑ＆Ａの順番にこだわらずに一番知りたいことから読んでください。そこから，目の前にいる困っている子どもへの支援が始まります。

河野　俊寛

CONTENTS

まえがき

INTRODUCTION
タブレットＰＣを学習サポートに使うということ／タッチパネルの操作用語／タブレット PC を学習や生活のサポートに子どもが使うために必要な12のスキル

Q＆Aでわかる！
タブレット PC を活用した学習サポート

1 タブレットＰＣの基礎を知ろう

- Q タブレット PC にはいろいろな種類がありますが，どれがいいですか。……………………………………………………22
- Q アプリはどこにありますか。……………………………………24
- Q インターネットにつながらないと使えませんか。……………26
- Q インターネットにつながると有害サイト等の心配があります。小学生が使っても大丈夫でしょうか。……………………………28
- Q タブレット PC のタッチパネルが反応しません。………………30
- Q 指が不器用で，タッチパネルが上手に使えません。どうしたらいいですか。………………………………………………32
- Q 衝動性が強く，画面のいろいろなところを触ってしまいます。どうしたらいいですか。………………………………………………34

2　学習の困難さに応じて使ってみよう

Q タブレット PC を学習サポートに使う，ということは具体的にはどうすることですか。……………36

Q 困難別のサポート方法を教えてください。……………38

　　文字を読むのが苦手　38

　　書くことが苦手　40

　　計算が苦手　43

　　情報を処理するのが苦手　44

　　スケジュール管理が苦手で時間にルーズ　46

　　忘れ物が非常に多い　47

　　会話するときの適切な声の大きさがわかりにくい　48

　　話している内容が聞き取りにくい　49

　　本のページをめくることが難しい　50

　　通常の書籍では見えない・見えにくい　51

　　音声言語でのコミュニケーションが難しい　52

　COLUMN　AI で学習支援はできるか？

Q 読むことが困難な場合に使える具体的なアプリを教えてください。……54

Q 書くことが困難な場合に使える具体的なアプリを教えてください。……56

Q 作文や読書感想文を書くことが苦手です。タブレット PC を使ってサポートする方法はありますか。……………58

Q 予定変更が苦手，予定を忘れやすい場合に使える具体的なアプリを教えてください。……………60

Q ローマ字を覚えることができません。どのような入力方法をすればいいでしょうか。……………62

Q	学習に使えるアプリの見つけ方はありますか。……………………………… 64
Q	時間をかければ文字を正しく読むことも書くこともできます。 それでもサポートツールが必要でしょうか。………………………… 66
Q	タブレット PC やパソコンは高価です。これらを使わなければ， 読み書きの困難をサポートすることはできないのでしょうか。………… 68

3　タブレット PC を学校で活用しよう

Q	学校にタブレット PC を持ち込むためには どうしたらいいのでしょうか。………………………………………… 70
Q	学校でタブレット PC を用意してもらうことは できないのでしょうか。…………………………………………………… 72
Q	いつ頃から使い始めればいいですか。……………………………………… 74
Q	タブレット PC はどの子の学習にも有効ですか。………………………… 76
Q	障害の診断はありません。それでも使っていいでしょうか。…………… 78
Q	苦手な読み書き計算をできるようにしなくても大丈夫ですか。………… 80
Q	実際に通常の学級で使っている事例はありますか。……………………… 82
Q	読み書きに苦労している子どもにタブレット PC を使うと， もっと読めなくなったり書けなくなったりしませんか。……………… 84
Q	タブレット PC で勉強できても，入試等では使えないのだったら， 紙と鉛筆での勉強もしなければいけないのではないですか。………… 86
Q	タブレット PC で授業中に遊んでしまわないでしょうか。……………… 88
Q	スマホやタブレットのゲームに夢中になってしまいます。 どうすればいいでしょうか。……………………………………………… 90

- Q 教室で一人だけタブレット PC を使うのは
  平等ではないのではありませんか。 ………………………………… 92
- Q タブレット PC を使うことを，
  他の子どもにどのように説明すればいいですか。 …………………… 94
- Q 他の子がずるい，と言ったら，どう答えたらいいでしょうか。 ……… 96
- Q 本人が他の子とは違う勉強方法をしたくない，と言って，
  タブレット PC を使おうとしません。どうしたらいいですか。 ……… 98
- Q 小学校低学年でタブレット PC を使うときに
  気をつけることはなんですか。 ……………………………………… 100
- Q 小学校中学年から高学年でタブレット PC を使うときに
  気をつけることはなんですか。 ……………………………………… 102
- Q 中学生になって英語だけとても苦手です。
  タブレット PC を使ってサポートできますか。 …………………… 104
- Q 中学校で高校入試に向けてタブレット PC を使うときに
  気をつけることはなんですか。 ……………………………………… 106
- Q 高等学校でタブレット PC を使うときに
  気をつけることはなんですか。 ……………………………………… 108
- Q タブレット PC を教室ではどのように管理すればいいですか。 …… 110

事例でわかる！
具体的なタブレットPCの活用法

事例1	すらすら音読ができない小学1年生………………………………………	114
事例2	漢字が書けない小学3年生………………………………………………	116
事例3	相談室登校の小学6年生…………………………………………………	118
事例4	英単語の綴りが覚えられない中学1年生………………………………	120
事例5	学校での配慮を拒否している読み書きに苦労している中学2年生 …	122
事例6	学習意欲がなく留年しそうな高校1年生………………………………	124
事例7	大学進学を希望している学習障害の診断がある高校2年生 ……	126

あとがき

付録　用語解説

参考サイト等

参考文献

INTRODUCTION

タブレットPCを学習サポートに使うということ

　平成22年に出された文部科学省の「教育の情報化に関する手引」によると,「教育の情報化」は,「情報教育」,「教科指導におけるICT活用」,「校務の情報化」の3つから構成されていて,これらを通して教育の質の向上を目指すもの,となっています。

　学校現場で実際にどのような使われ方がされているのか,については,公表されているICT使用事例,例えば総務省と文部科学省が実施した「学びのイノベーション事業」の実証研究報告書を見ると,「教科指導におけるICT活用」としての活用事例が目につきます。例えば,先生がわかりやすく教えるため,子どもの興味関心を引くため等に使ったという事例,あるいは,子どもが情報収集・選択のため,繰り返し学習のため,まとめたものを発表するため等に使ったいう事例が報告されています。これらの事例を見ると,これまでのところ通常学級では,学習意欲と学習効率を高め,現在持っている学力をさらに効率よく上げるために使う,という使われ方が主である,という印象を受けます。

　しかし,本書で説明するのは,そのような現在ある学力をさらに高めるためのツールとしてではありません。子ども自身が,自分の苦手な学習に必要な基礎的・道具的スキルを補助代替するサポートとしての使い方です。

　なぜそのような使い方を推奨するのかという理由は,読み書き障害のサポートを考えるとわかりやすいので,ここでは読み書き障害を例に取り上げて説明します(「Q　タブレットPCを学習サポートに使う,ということは具体的にはどうすることですか。」(p.36) 参照)。

読み書き障害のサポートでは，低次の読み書きと高次の読み書き，という区別をして考えます。低次の読みとは文字を音に変換することで，低次の書きは音を文字にすることです。一つ一つの文字の読み方書き方を学習していく，ひらがなやカタカナの学習をイメージしてください。一方，高次の読みは文章を読んで内容を理解することで，高次の書きは頭の中にある考えを文章にすることです。通常の読解や作文がこの高次の読み書きになります。

　読み書き障害があると，低次の読み書きが正確にすらすらとできません。しかし，高次の読み書きには困難がないので，低次の読み書きを，読んでもらったり書いてもらったりというように補助代替すると，高次の読み書きが他の子のようにできる場合が多いのです。

　この本で皆さんに伝えたいのは，この低次の読み書きをサポートするためにタブレットPCの機能を使う，というような使い方です。低次の読み書きにだけツールを使い，高次の読み書きには自力で取り組む，というような使い方です。

　なお，本書ではタブレットPCを学習サポートの代表としました。もちろん，スマートフォンも学習サポートに使うことができます。ただし学校で使うことを考えると，スマートフォンを教室に持ち込むことは，携帯電話を学校に持ち込むことになるので，学校現場の抵抗感は強いと考えられます。そこで，持ち込むことに対するハードルが少しは低いと思われるタブレットPCを代表としました。しかし，家庭で学習サポートに使う，ということであればスマートフォンを活用することはよい選択肢です。ですから，本書でタブレットPCと書いてあるところをスマートフォンに置き換えて読んでいただいてもかまいません。一番使いやすい道具を想定して読んでください。

タッチパネルの操作用語

　タブレット PC の操作説明では，日常生活の中ではなじみがない用語が使われます。イラストを見てイメージをもってください。

▶● タップ
　画面の任意の場所を指先等で軽くたたくこと。アプリの起動に使います。

▶● ダブルタップ
　タップを続けて2回すること。サイズの切り替えに使います。

ロングタップ（ホールド，長押し）

タップした状態で触り続けること。アイコンの並べ替え，アプリの削除，画面上の文字のコピー＆ペースト等に使います。

ドラッグ

画面を指で触った状態のままスライドさせること。アイコンの移動，スライドスイッチ操作に使います。

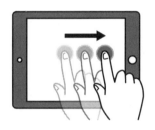

▶● フリック(スワイプ)

　指を「はらう」ように，スライドさせてすぐに離すこと。ページのスクロールやページめくり，画面や写真の切り替えに使います。

▶● ピンチイン

　2本の指で画面に触り，はさむように指を近づけること。画面の縮小に使います。

▶● ピンチアウト

　「ピンチイン」と逆に指を広げていくこと。画面の拡大に使います。

タブレットPCを学習や生活のサポートに子どもが使うために必要な12のスキル

スキル1　　画面上の文字を音声化する

スキル2　　写真を上手に撮る

タブレットPCをお腹に当てて
ぶれないようにして撮影

✂ スキル3　写真をトリミング等で簡易編集する

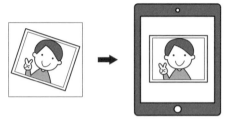

傾きの修正

トリミング

✂ スキル4　撮った写真をフォルダー等に整理する

「国語」のフォルダー

>• スキル5　　写真にメモを記入する

はしご車の写真に,「40メートルまで OK」
という内容のメモが書かれている

>• スキル6　　マッピングアプリで考えたことや知識を整理する

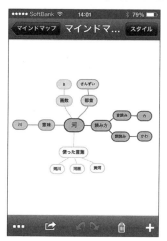

漢字の学習に使用

▶● スキル7　　自分に合った入力方法を選択する

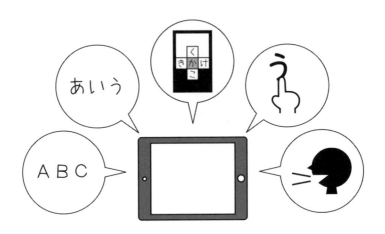

▶● スキル8　　録音してその録音を後で使う

スキル9　自分が読みやすい文字の大きさや背景色等を見つけて調整する

通常

白黒反転

白黒反転＋フォント拡大

スキル10　紙媒体の情報から内容を理解する

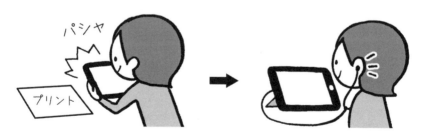

プリントを写真に撮ってOCRをかけ，さらに音声化してイヤホンで聴いている

▶ スキル11　漢字等わからない言葉を調べる

▶ スキル12　スケジュールを管理する

タブレットPC上のカレンダーで学習の予定を確認する

Chapter 1

Q&Aでわかる！
タブレットPCを活用した
学習サポート

1　タブレットPCの基礎を知ろう

Q　タブレットPCには いろいろな種類がありますが, どれがいいですか。

　タブレットPCを動かす基本的なソフトであるOS（オペレーティング・システム）の違いによって3種類あります。その3種類とは，Windows（ウィンドウズ），iOS（アイオーエス），Android（アンドロイド）です。WindowsはマイクロソフトNet，iOSはApple社，AndroidはGoogle社のものです。タブレットPC（スマートフォンも）は，この3つのOSのどれかで動いています。

　画面の大きさもいろいろあります。ただし画面の大きさは，使う子どもによって注意が必要です。大きいと一度に表示される情報量は増えます。しかしこのことで，かえってどこに注目していいかわからなくなってしまう子どもがいます。このような場合は，むしろ小さい画面のほうが集中できます。また，カメラ機能を使った写真を撮るときも，大きなサイズのタブレットPCだと安定して持てないのでぶれてしまう，ということもあります。ですから，一人一人にあった大きさを見つけることは重要です。

　Wi-Fi（ワイファイ）モデルかCellular（セルラー）モデルか，の選択もあります（巻末〈用語解説〉参照）。Wi-Fiルーターを持ち歩かなくてもどこでもつながる，という点ではCellularモデルになります。しかし，学校への持ち込みを考えたときは，ネットにはむしろつながらないほうがいい場合があります。それは学校では，自由にネットにつながることを心配する声が大きいからです。地域によっては，学校でのネット環境に厳しい制限をつけているところもあります。Wi-Fiモデルを選択して，少しでも学校に持ち込みやすい条件にする，という選択もあります。

容量にも選択肢があります。しかし，本書が主張しているような学習への使い方であれば，最低の容量で大丈夫です。写真を撮っても整理の方法を覚えることで，最低の容量で問題なく使えます。
　どの機種を使うにしても，学習すべてを1台のスマホやタブレットで補うことはできません。ピンポイントで使うことになりますから，万能な機種はありません。
　以下にそれぞれの特徴を書きます。参考にしてください。

　Windows端末は，Windowsパソコンとほぼ同じ環境を準備することができます。ソフト面では，ワードやエクセル等のソフトをパソコンと同じ操作性で使うことができたり，ハード面では，USBポートがあるものが多いので，外部のキーボード等を接続したりすることができます。ただし，音声入力や音声読み上げ等の，読み書きを補助代替する機能は，他の2つに比べると弱いところです。
　Android端末は，端末本体の価格が他の2つに比較して安い，という特徴があります。読み書きの補助代替もできます。しかし，機種によって操作が異なっていたり，どの機種でも操作の手順がiOSと比較すると少し多かったりします。
　iOS端末は，読み書きを補助代替する使い方にすでに多くの事例があります。定番のアプリもおおよそ決まっています（「Q　学校でタブレットPCを用意してもらうことはできないのでしょうか。」（p.72）参照）。また，電源ボタンとホームボタンしかないので操作が直感的にわかります。ただし，画面の大きさのバリエーションが他の2つほどありません。

Q　アプリはどこにありますか。

　OS（Q「タブレットPCにはいろいろな種類がありますが，どれがいいですか。」（p.22）参照）によってアプリをダウンロードできるサイトが異なります。

　WindowsのタブレットPC用アプリは「Windowsストア」から，AndroidのタブレットPC用のアプリは「Playストア」から，iOSのタブレットPC用のアプリは「App Store」から，それぞれダウンロードすることになります。
　タブレットPCからネットにつないで直接ダウンロードもできますし，iOSでは，パソコンの「iTunes」経由でもダウンロードできます。Android用のアプリも，Googleアカウントでログインしてパソコンからアプリをダウンロードすると，パソコンではなくて自動的にタブレットPCのほうにインストールされます。
　アプリをダウンロードするには，どのOSでもアカウント（WindowsではMicrosoftアカウント，AndroidではGoogleアカウント，iOSではApple ID）とパスワードが必要になります。自分のアカウントとパスワードを忘れないように管理しなければなりません。
　有料のアプリは代金の支払いが生じます。Windowsストアでは，クレジットカード，PayPal，Windowsストアギフトカードで支払います。Windowsストアアプリペイドカードは，家電量販店やコンビニエンスストアで購入できます。Playストアでは，クレジットカード，Google Playギフ

トカード，キャリア決済（携帯通信会社への支払い）です。Google Play ギフトカードはコンビニエンスストアで購入できます。キャリア決済は，Google Play ストアアプリの使用時のみ利用できます。パソコンまたは携帯端末のブラウザで Google Play ウェブサイトにアクセスしている場合には利用できません。App Store では，クレジットカードと App Store & iTunes ギフトカードが使えます。App Store ギフトカードと iTunes ギフトカードは，コンビニエンスストアや家電量販店で購入できます。

　学校での有料アプリの購入は，上記のそれぞれのギフトカードで支払っているところがあります。

　iOS 用のアプリは，Apple 社のチェックを受けたものだけが App Store に掲載されていますから，一定の品質が保証されており，ウイルス等の心配も少ないです。Android 用のアプリは，提供元が Play ストアではないアプリもインストールすることができます。しかし，ウイルス感染等の危険が生じる可能性があります。Play ストアに登録されているアプリを利用することが基本です。Windows 用のアプリは，他の2つの OS 用のアプリよりも少なく，選択肢がやや少なくなります（巻末〈参考サイト等〉の「Microsoft アクセシビリティホーム」参照）。

Q　インターネットにつながらないと使えませんか。

　インターネットにつながらなくても使えます。
　学習サポートに使える機能やアプリは，インターネットにつながっていなくても（オフラインといいます）使えるものがたくさんあります。例えば，読むことをサポートする音声化アプリ，辞書アプリ，カメラ，録音，電卓等です。
　しかし，インターネットにつながっていないと（オンラインといいます）使えないアプリもあります。例えば，書くことをサポートする音声入力アプリは，インターネットにつながっていないと使えないものがほとんどです。それは，音声を文字変換する辞書がネット上に置いてあるからです。地図アプリも使えません。
　確かに，インターネットにつながっていないと使えないアプリや機能はあります。しかし，学習サポートという使い方に限定すると，インターネットにつながっていなくても学習をサポートする，という目的には十分使えます。ですから，インターネットにつなぐことができないからといって，タブレットPCを全く使わないよりは，インターネットにつながっていなくても，使える機能やアプリを活用して学習サポートを行うことを勧めます。そのほうが，学習は楽にできるはずだからです。
　「Q　タブレットPCはどの子の学習にも有効ですか。」（p.76）にも書いてありますが，タブレットPCはピンポイントで使う，という使い方をします。ですから，タブレットPCのすべての機能が使えなくても，大きな問題ではありません。

インターネットにつながっていない状態で使うことを考えると，機種変更した後の古いスマートフォンが残っていれば，それを使うことも可能です。録音は可能ですから，ICレコーダー代わりに使うことができます。カメラ機能をデジタルカメラ代わりに使うことができます。DAISY（デイジー）図書を入れておいて，朗読付き図書としても使えます。

　ポイントは何に使うかです。何に使うかを決めるためには，何に困っているかがはっきりしている必要があります。何に困っているかがはっきりしていると，インターネットにつながっていない状態のタブレットPCのどの機能を使うことができるか，を決めることができます。タブレットPCから出発するのではなく，子どもから出発する，ということを忘れないでください。

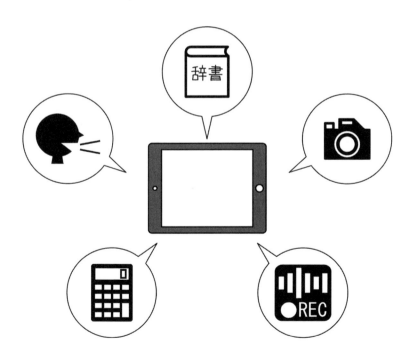

Q　インターネットにつながると
　　有害サイト等の心配があります。
　　小学生が使っても大丈夫でしょうか。

　有害サイトをブロックするアプリがあります。
　有害サイトをブロックするブラウザアプリや，アクセスを許可するサイトを保護者等が登録できるブラウザアプリを使えば大丈夫です。例えば，日本PTA全国協議会推薦の「i-フィルター（アイフィルター）」（デジタルアーツ）という製品があります。Windows, Android, iOS のすべてのOSに対応しています。
　なお，有害サイトをブロックするアプリを使用するときには，普段使っている一般のブラウザアプリは，タブレットPCの「機能制限」を使って利用できないようにしておく必要があります（ホーム画面からアイコンを消す）。「機能制限」という使い方を大人が知っている必要があります。
　セルラーモデルのタブレットPCやスマートフォンであれば，「青少年ネット規制法」に基づいて，各電話会社が有害情報へのアクセスを制限するフィルタリングサービスを提供していますから，それを利用することができます。

　このように，有害情報の遮断という方法を使うということと同時に，子どもたちには，インターネットとの健全なつきあい方を教えることも重要です。学校教育では「情報モラル教育」といいます。学習指導要領では，「情報社会で適正な活動を行うための基となる考え方と態度」を「情報モラル」と定義し，「各教科の指導の中で身につけさせる」こととしています。つまり，インターネット等の情報社会の中で，情報の正しい使い方や判断ができるよ

うにすることが目的です。

　家庭においても，フィルタリング等の制限も使いながら，情報モラルを育てることが大切です。その際，年齢によって，フィルタリング等の制限の強さ，個人での判断の度合いは違ってきます。年齢が低ければ，個人での判断は難しいことが多いでしょうから，制限する部分が多くなります。しかし，年齢が上がっていけば，制限する部分を少なくし，自分で判断できる部分を多くすることが目標になります。

　今もそうですが，今後も，情報ネットの重要度は大きくなることはあっても小さくなることはありません。子どもたちを育てる，という観点も大事にしたいものです。

フィルタリングや機能制限の活用で危険を回避する

Q　タブレットPCのタッチパネルが反応しません。

　電気を通さないもので触っていませんか。
　タッチパネルの表面はわずかな静電気でいつも覆われていて，指等の電気を通すものでタッチパネルに触ると電流が生じます。その電気的変化を検知して，指等の位置と動きを認識することが，タブレットPCのタッチパネルの原理です。
　ですから，電気を通すもので触らないと反応しないのです。
　タッチパネルが反応しないという場合，よくあるのが，爪で触っているときです。指先を立ててタッチパネルに触ると，爪が当たっていることがあります。爪は電気を通さないので反応しないのです。その場合は，指の腹で触ることを意識させてください。
　指の腹で触っているのに反応しないこともあります。その場合は，指が過度に乾燥している可能性があります。指についている水分が少なすぎると，タッチパネル上の静電気を通さないためです。こんなときは，指に息を吹きかけると反応するようになります（おしぼり等で指をぬらしても同じです）。
　また，同時に2カ所以上触ると，タッチパネルは反応しません。左手でタブレットPCを支えているときに，左手の指がタッチパネルに触ってしまっていることがあります。右手の人差し指で操作しているときに，右手の手首のあたりがタッチパネルに触っていることもあります。そのような場合は，タッチパネルに触っているのに反応しない，と見えてしまいます。
　タッチパネルを指で上手に使えない場合は，スタイラスペンを使うことを勧めます。スタイラスペンは，ペン先に電気を通す柔らかい素材がついてい

ます。スタイラスペンは，手先が不器用な子どもにも有効です。具体例は，「Q　指が不器用で，タッチパネルが上手に使えません。どうしたらいいですか。」(p.32) を参照してください。

　タッチパネルを上手に反応させることができないと，操作そのものにイライラしてしまって，タブレット PC を本来の目的に使えない，ということになってしまうかもしれません。タブレット PC を使うに当たっては，操作が自由にできる，ということは大前提になります。電源を入れた後の一番最初の操作が，タッチパネルへのタッチですから，タッチパネルの原理を知って操作の基本を正確に教えることは重要です。

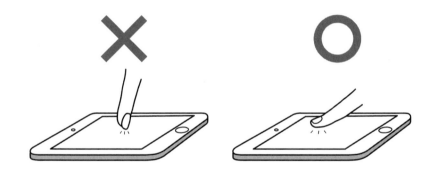

Q 指が不器用で，タッチパネルが上手に使えません。どうしたらいいですか。

　いま使える力をどうすれば活用できるか，と考えましょう。
　無理に人差し指1本で操作する，と思わないことです。また，人差し指で使うことができるように練習する，と考えないでください。
　市販のスタイラスペンであれば上手に操作できる子がいます。市販のスタイラスペンでは細すぎる場合，スタイラスペンに市販のペングリップをつけることで，本人に合った太さにすることができます。本人に合った太さのペンを自作することもできます。本人が使いやすい太さと長さの棒を用意し，その先に，アルミホイルや静電気除去シートや静電気除去マット等のペン先をつけるだけです。静電気除去シートやマットは，通販サイトや，車用品や文房具用品を取り扱っている店で販売しています。
　スタイラスペンを使うときに，鉛筆で書くときのように手の側面をタッチパネル面につけてしまうと，操作できません。タッチパネルは1点だけにしか反応しないからです（「Q　タブレットPCのタッチパネルが反応しません」（p.30）参照）。スタイラスペンを使うときには，スタイラスペンを持った手を浮かして操作することができる必要があります。
　指での操作でもスタイラスペンでの操作でも，どうしてもタッチパネルに手のひらを置いてしまう場合は，手袋を使いましょう。
　指で操作するときには，手袋をはめた手の操作する指先を切れば，タッチパネルに手を置いても，指で操作できるようになります。はめたままスマートフォン等の操作ができる手袋が市販されていますが，この手袋も同じように使えます。このような手袋は，指先に電気を通す電導糸が縫いつけてあり，

タッチパネルが反応するのです。

　スタイラスペンを使うときも手袋をはめて使えば，鉛筆で書くのと同じように，手の側面をタッチパネル上に置いて手を固定して使うことができるようになります。

　Windows や Android のタブレット PC であれば，外づけのマウスを使うことも可能です。接続は USB か Bluetooth（ブルーツース）を使います。iOS ではマウスは使うことができません。

Q　衝動性が強く，画面のいろいろなところを触ってしまいます。どうしたらいいですか。

　触るところを物理的に限定しましょう。
　方法としては，アナログですが，触ってほしい大きさの窓がある厚紙を用意して，それを画面にかぶせる方法があります。
　iOS だと，機能設定で設定できます。iOS では，「設定」→「一般」→「アクセシビリティ」→「アクセスガイド」で設定します。「アクセスガイド」を「オン」にすると，触っても反応しない画面の範囲を，アプリ上で設定できるようになります。設定時にはパスコードが必要になるので，子どもにそのパスコードを教えなければ，勝手に解除されません。

　衝動性を弱くしよう，と考えるのではなく，衝動性が強くても使えるように環境調整をしよう，と考えることが大切です。
　ある操作ができない場合，その操作ができるようにしようと練習することが多いかもしれません。しかし，苦手なことを練習ばかりしていると，タブレット PC を学習サポートに使う，という本来の目標が，タブレット PC の操作ができるようにする，という目標に代わってしまい，いつまでたっても本来の目標に到達しない，ということになってしまいます。今ある力をどう使うか，と考えるべきです。
　本人ではなく環境にアプローチしよう，という考え方の根拠は ICF（国際生活機能分類）です。ICF は，WHO（世界保健機関）が2001年に制定した，人間の生活機能と障害に関する状況を記述することを目的とした分類です。生活機能を「健康状態」「心身機能・構造」「活動」「参加」という要素で構

成し，背景因子を「環境因子」「個人因子」に分けています。ICFの前のICIDH（国際障害分類）では，障害のみに焦点を当てて，「機能障害」「能力不全」「社会的不利」という流れで障害を説明していました。しかしICFは，障害だけではなく，生活機能という用語で人が生きること全体を視野に入れ，さらに，環境等の背景因子の重要性を指摘しています。つまりICFは，支援という観点から考えると，個人にのみアプローチするのではなく，環境にもアプローチする必要があることを示しているのです。そして，個人を変えることよりも環境を変えることのほうが，難しくないことが多いでしょう。

　ですから，衝動性が強いためにタブレットPCが使えないのは，衝動性が強い子どもの側だけに問題があるのではなく，タブレットPCのほうにも原因がある，と考えるのです。そう考えると，タブレットPCにどのような工夫をすれば使えるようになるのか，という考え方になります。

iOSのアクセスガイドで画面の下を反応しないようにしている

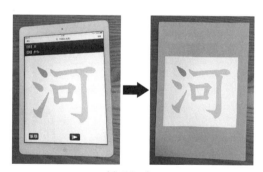

紙でカバー

2　学習の困難さに応じて使ってみよう

Q　タブレットPCを学習サポートに使う,ということは具体的にはどうすることですか。

　読んだり書いたり,計算したり,という学習の基礎的・道具的スキルをサポートするために使います。
　INTRODUCTIONの「タブレットPCを学習サポートに使うということ」に書いてある,低次と高次の読み書きの区別を思い出してください（算数は,計算とそれ以外を区別してください）。
　タブレットPCは,低次の読み書きと計算の補助代替に使います。
　読むことに時間がかかってしまい,内容理解が不十分になってしまう子どもには,文章を音声化するアプリを使うことで,文字を音に換える低次の学習をスキップして,直接高次の学習にアクセスできるようにするのです。また,書くことに時間がかかってしまい,試験の制限時間内に解答できない子どもには,音声を文字化する音声入力アプリを使って低次の書きを補助代替することで,制限時間内に解答できるようにするのです。

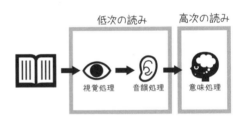

計算にエネルギーを使ってしまって,算数的思考に使うエネルギーが残っていない子どもに,計算をタブレットPCですませ,算数的思考に時間とエネルギーを使えるようにするのです。
　学習の本質は,知識や語彙を増やし,その知識や語彙を使って考え,考えたことを,予備知識がない第三者でもわかるように伝えることができるよう

にすることです。その学習には，大多数の子どもにとって文字や数字が便利なので使われます。しかし，文字や数字を大きなストレスなしに使うことが難しい子どもたちがいます。学習障害（限局性学習障害／限局性学習症）のある子どもたちです。この子どもたちは，文字の読み書きや計算がまったくできないのではありません。すらすらと正確に読み書き計算ができないのです。短時間であったり，短い文章や少ない計算問題であれば，全力疾走するようにして，なんとか読んだり書いたり計算したりできます。しかし，長時間であったり長文であったり多くの計算問題だったりすると，読んだり書いたり計算したりという全力疾走が続かないので，疲れてしまい，集中力がなくなり，学習がスムーズに進まなくなってしまうのです。そのようなことが続くと，学習意欲は低下し，読むことや書くことや計算することを拒否する子どもだけではなく，考えることさえやめてしまう子どもが出てきます。

　タブレットPCを低次の学習に使うと，そのような子どもの学習が楽になり，本来の学習を，他の子どもと同じスタートラインに立って行うことができるようになるのです。

Q 困難別のサポート方法を教えてください。

 文字を読むのが苦手

　文字を読み上げるアプリを使います。
　読み上げる音声は人工合成音声を使います。人工合成音声には女性の声，男性の声の種類もあります。
　Windowsタブレットでは，「和太鼓（Wordaico）」（無料）か「WordTalker」（有料）というソフトをWordにアドインすることで，Word文章を音声化することができます（人工合成音声は，Windows 8以降には標準でインストールされています）。
　Androidタブレットには「テキスト読み上げ（TTS）」機能があります。人工合成音声は，「Googleテキスト読み上げ」エンジンが入っていない端末であれば，「Playストア」からインストールする必要があります。「N2 TTS」という音声エンジンもあります。タブレットで「テキスト読み上げ（TTS）」設定をしたら，「Talk」というアプリを使って文字を音声化します。メールやWEBで音声化したい文章を範囲選択して，「Talkに送る」という操作をすると，音声化ができます。
　iPadでは，音声の読み上げ設定を，「設

音声読み上げ

定」→「一般」→「アクセシビリティ」→「スピーチ」→「選択項目の読み上げ」→「画面の読み上げ」の順番で行います。「選択項目の読み上げ」は音声化したい部分だけ読み上げさせる機能で,「画面の読み上げ」は画面全体を読み上げさせる機能です。

　また,文字のフォントの種類を変える,フォントの大きさを変える,背景色を変える,ページ全体に色をつける,という方法が有効な子どもがいます。

　フォントの種類は,教科書体や明朝体ではなくゴシック体が見やすい,という子どもが多いです。ゴシック体でも丸ゴシックが好まれることが多いです。フォントを大きくすると読むのが楽になる子どもがいます。適切なフォントの大きさは一人一人違うので,実際に試してみる必要があります。拡大コピーでも同様の効果があります。

　背景色は,弱視の人が見やすいという白黒反転が読みやすい,という子どももいれば,白色をセピア色に代えるだけで読みやすくなる子どももいます。ページ全体に色をつけるという方法は,通常はカラーフィルターをページやプリントの上に載せます。色は,黄色,薄い青色,薄い緑色が好まれることが多いです。有効な色の見つけ方は,2色のフィルターを並べて読みやすい色を選ばせます。次に,選んだ色と別の色を並べて,読みやすい色を選ばせます。これを繰り返して最後まで残った色が有効な色となります。

白黒反転

フォントの拡大

ページの有効色を見つけているところ

書くことが苦手

　音声入力が有効です。
　iPad と Android タブレットでは，標準で音声入力があります。キーボードにあるマイクのマークが音声入力です。マイクのマークをタップして話すと文字化されます。Android では「Google 音声入力」が使われています。iPad の音声入力では，句読点や改行も音声入力でできますが，Google 音声入力では，標準のものではできません（アプリを使うとできます）。しかし，Android の音声入力では候補語が出てきますが，iPad の音声入力では候補語は出てこないので，誤変換があった場合は，キーボードで手作業で修正しなければいけません。なお，iPad も Android も，ネットにつながっていないとこの音声入力は使えません。
　Windows タブレットでは，標準で「音声認識ソフト」があります。ただし，このソフトは，音声認識を向上させるために音声認識トレーニングを行う必要があります。また，特定の人の話し方に設定されてしまうので，複数の人が使うタブレットでは使いにくいソフトです。しかしこのソフトは，Android や iPad と違って，ネットにつながっていなくても使える，という特徴があります。
　ネットに接続している Windows タブレットであれば，「Google 音声入力」が使えます。この場合は，Web ブラウザの「Google Chrome」が必要になります。Google アカウントをまだ持っていない場合は，アカウントの作成も必要になります。使い方は，Google Chrome から「Google ドキュメント」のページにアクセスすると，音声入力が使えます。

また，キーボードで入力することも有効です。
　書くことが困難な子どもというのは，頭の中の音を文字に変換することが自動化していない子どものことです。その自動化の困難さは，練習しても改善しにくいものです。それはちょうど，弱視の子どもが小さな文字が読みにくく，練習で改善する問題ではないのと同じです。
　音と文字の一致が自動化しにくくても，音と指の運動の自動化は可能です。「く」と聞いたり「く」という文字を見ると，右手の中指がホームポジションの「K」のキーボードを打ち，その後すぐに右手の人差し指が，ホームポジションの「J」の左少し上の「U」のキーボードを打つ，という運動が，考えなくても自動的にできるようになります。

　ただし，練習は必要です。練習では，キーと指の位置を守り，キーボードを見ないで指の動きだけで入力する，ということが重要です。キーボード入力練習アプリもいろいろあります。どうしてもキーボードを見てしまうようでしたら，キーボードに両手を置いて，その上からハンカチをかけましょう。

　授業をキーボードで記録した場合は，そのファイルの整理が重要です。整理には，タブレットPCの中でデジタルファイルとしてフォルダで整理して保存する方法と，一度印刷してバインダー等に綴る方法とがあります。印刷して綴るというアナログな方法は，他の子どもたちに，タブレットPCを使ってノートをとっている，ということを知ってもらううえでは有効でしょう。

さらに，カメラで撮影して記録する方法もあります。
　メモの目的（本質）は，忘れないようにすることです。文字を書くことではありません。だとすると，書くことに困難がある子どもが，忘れないようにするためにカメラで撮影することは，合理的配慮として認められるべきでしょう。
　カメラで撮影する場合，後で使える写真を撮るスキルと，カメラで撮影した記録を整理するスキルが必要です。必要な部分だけを，ぶれずにピントを合わせて撮影することができなければいけません。また，撮影した写真から不要な部分をトリミングする必要がある場合は，トリミングの方法を知っていなければいけません。写真を整理する必要もあります。例えば，学校の授業の板書を写真に撮っている場合は，教科ごとのフォルダーを作成してその中に入れる，という整理の仕方があります。タブレットPC等で撮影した写真は，日付も一緒に記録されますから，後で，必要な日付の写真を検索して取り出すスキルも必要でしょう。
　写した写真は印刷してバインダー等に綴る，という方法も，他の子どものノートと同じ形になるので，他の子どもに，カメラをどのように使っているのかを見て知ってもらうよい方法です。

　シャッター音がしない写真アプリもありますが，教室では，何を撮影しているか他の子どもにもわかるように，シャッター音がある写真アプリのほうがよい場合もあるでしょう。

計算が苦手

　電卓アプリを使えばいいでしょう。
　算数・数学と計算を分けて考えることが必要です。
　もちろん，計算スキルも算数・数学の一つとする考え方はあります。しかし，計算が算数・数学の本質である，とすることは難しいでしょう。それは，文学において漢字や熟語の知識が重要ではあっても，漢字や熟語の知識が文学の本質である，とすることができないのと同じではないでしょうか。
　読み書きに困難があっても，文字を音声化すれば文章の内容が理解できたり，口頭でならば内容のある説明ができたりする場合と同様に考えればいいでしょう。計算をすばやく正確にできないのであれば，計算には電卓を使い，算数・数学の本質（大辞林では「数学」は，「数・量および空間に関して研究し，さらに抽象的な概念を扱う学問」となっています）の学習をすればいいのではないでしょうか。

　『算数の天才なのに計算ができない男の子のはなし』（バーバラ・エシャム文　マイク＆カール・ゴードン絵　品川裕香訳）（岩崎書店，2013年）という絵本があります（巻末〈参考文献〉参照）。計算がすらすらとできないために，下級生にもからかわれている男の子が，代数の問題を解けることがわかり，学校の数学オリンピックチームのメンバーに選ばれる話です。まさにこの絵本の主人公が，計算は苦手だけども数学的な考え方は優れている子どもです。
　電卓の使用については，アメリカでは，各州の教育省が出している試験の配慮マニュアルには，一定の学年以上という制限はつきますが，電卓が配慮の一つとして記載されています。

情報を処理するのが苦手

　情報をメールやメモで文字化すると，情報処理がスムーズにできる子どもがいます。

　音声は記憶しないと消えてしまうので，音声だけの指示では記憶が不十分になってしまい，情報を適切に処理できない子どもがいます。特に，教室の中のように，多くの子どもがいて，同時に複数の子どもが話すような状況では，このような子どもは，必要な情報を音声情報の中から取り出すことが難しくなります。本人は決してやる気がないわけでもないし，授業が嫌なわけでもないのに，話を聞く気がない子ども，という理由で叱られることもあります。

　このような子どもに，目の前にタブレットPCを置いて，その画面に指示内容が文字で示されると，スムーズに指示に従うことができることがあります。イメージとしては，聴覚障害者へのノートテイクです。

　もちろん，タブレットPCでなくても，先生が付箋に書いて，子どもの目の前に貼ることでも同じ効果が期待できます。しかし，付箋とタブレットPCの違いは，タブレットPCの画面が子どもの注意を引きやすい，ということです。タブレットPCの画面は枠があり，明るく，ここを見ればよいことが，説明しなくてもわかるからです。

また，情報を写真等で視覚化するとわかりやすくなる子どもがいます。
　前述のように音声情報を文字化しても，その文字を読むことがスムーズにできなければ，文字化しても有効ではありません。
　知的障害のある子どもの場合，障害の個人差が大きく，文字を読むことができる子どももいれば，文字を読むことが難しい子どももいます。文字を読むことが難しい場合は，絵や写真を使うとわかることがあります。
　タブレット PC であれば，その場ですぐに写真に撮って，タブレット PC の画面で見ることができます。拡大もピンチアウトで簡単にできます。また，写真に文字等を書き込むことができるアプリを使うと，注目してほしい写真の部分にマークをつけることも簡単にできます。
　大人が何度も言えばいい，と考える人がいるかもしれません。しかし，言われたらできるということは，言われなかったらできないということです。自分で確認してできるようにすることは，自立という観点から重要です。タブレット PC は，その自立のための道具として有効なのです。

スケジュール管理が苦手で時間にルーズ

　カレンダーアプリを使ってスケジュールを管理しましょう。
　スケジュールをこめまにカレンダーに記入する必要がありますから，機能は多くなく，操作等がシンプルなカレンダーアプリを選ぶ必要があります。また，スケジュール管理では，スケジュールを一日に何度も確認する習慣が重要です。したがって，見ることに負担がかからない，ひと目で知りたい予定がわかる，シンプルな表示のカレンダーアプリが有効です。
　カレンダーアプリには，音やポップアップメッセージで注意を引くリマインダー機能（思い出させる機能）がついているものが多いです。このリマインダー機能も一緒に使うと，予定を忘れてしまうことを防ぐことができます（次項の「忘れ物が非常に多い」参照）。
　外出時にもスケジュールを管理したい，となると，タブレット PC よりはスマートフォンのほうが使いやすいでしょう。
　タブレット PC やスマートフォンのスケジュールアプリよりも，しなければいけないことを時系列で並べたチェックリストやスケジュールリストや To-Do リストのほうが有効な子どももいます。これらの子ども向け To-Do リストアプリもあります。

　これらのチェックリスト等で注意することは，チェックを子どもだけに任せない，ということです。自分でチェックできるようになるまでは，おとなが一緒にチェックする必要があります。タブレット PC は，最初から子どもの苦手さを補うことができる魔法の道具ではありません。練習が必要です。

忘れ物が非常に多い

　リマインダーで予定を通知して忘れ物防止をしましょう。
　リマインダーのよいところは感情が含まれない，ということです。
　大人からの注意は，どうしても感情が入ってしまうので，子どもはその感情に先に反応してしまい，本来聞かなければいけない，忘れ物をしない，という注意を聞いていない，ということが起こります。しかし，タブレットPC等の機械からの，音やポップアップや振動（バイブレーション）等のリマインダーには感情が入っていないので，思い出さなければいけないことを思い出すことだけができます。
　リマインダーも一度だけ通知するのではなく，複数回アラームが鳴る目覚まし時計のように，複数回通知する設定のほうが有効な場合が多いです。また，音だけではなくポップアップメッセージも同時に出るようにして，聴覚的にも視覚的にも通知があるようにすると，リマインダーが有効になる子どもがいます。

会話するときの適切な声の大きさがわかりにくい

　適切な声の大きさをアプリ（VoiceRuler，こえキャッチ，Sound Level Analyzer Lite，Noise Level など）を使って確認する方法があります。

　声の大きさが視覚的にわかるように，音の大きさの単位であるデシベルで表示したり，1，2等の数字で示したり，風船の大きさで示したりするアプリがあります。自分の声の大きさを変化させて操作するゲーム感覚のアプリもあります。ただし，デシベル表示のアプリは，騒音計で計測した測定値とは誤差があることが多いようですので，声の大きさの目安に使う，という使い方にしたほうがよいでしょう。

　声の大きさを確認するアプリは，ソーシャルスキルトレーニングのツールとして使うことができます。

話している内容が聞き取りにくい

　簡易補聴器アプリで，話している人の声を直接耳に届ける方法があります。
　タブレットPCやスマートフォンのマイクから，話している人の声をひろい，その音声を大きくしてスピーカーやイヤフォンで出力するアプリです。教室であれば，先生の前にタブレットPCを置いて，先生の声を直接子どもの耳に届ける，という使い方があります。聴覚障害のある子どもが使っているFM補聴システムのような使い方ですが，あくまでも簡易の補聴器アプリですから，微調整はできません。
　出力は，スピーカーよりはイヤフォンのほうが直接耳に声を届けるので，集中力が弱い子どもの場合や，教室等他の子どもがたくさんいる場所で使う場合は有効です。

本のページをめくることが難しい

　指でページをめくる操作が難しい場合は，電子ブックアプリによってページをめくる負担を少なくしましょう。

　電子ブックアプリでは，画面をスワイプしたりタップしたりするとページがめくられる機能があります。ページをめくる設定は，タップに反応する画面の場所，めくる速度等を細かく調整できるアプリもあります。

　声を出したりマイクに息を吹きかけてページをめくるアプリや，視線を使ってページをスクロールするアプリもあります。

　もちろん，大人にお願いしてめくってもらうことは簡単です。しかし，もし大人にページめくりをお願いして本を読むとすると，1冊の本を読むのに，ページ数だけお願いしなければならないので，お願いする子どももめくる大人も，精神的な負担が大きくなってしまいます。タブレットPCによる電子ブックでの読書は，自立という観点からも有効なツールであるといえます。

通常の書籍では見えない・見えにくい

　読み書き障害の場合は，音声読み上げアプリやDAISY（デイジー）図書を使うと，「読む」ことができるようになります（「Q　読むことが困難な場合に使える具体的なアプリを教えてください。」(p.54) 参照）。

　弱視の場合は文字を拡大すると見やすくなる人がいます。読み書き障害の場合も，拡大すると読みが改善する子どもがいます。

　どちらも拡大率は一人一人異なっているので，試してみる必要があります。タブレットPCの利点は，ピンチイン・ピンチアウトで自由に拡大率を変更できる点です。その子どもが一番見やすい倍率を，その場で試しながら見つけることが簡単にできます。

　弱視の場合でも読み書き障害の場合でも，背景色とフォントの色を変更すると読みやすくなる人がいます。背景色を黒に，フォントを白にする白黒反転が有効な人もいれば，背景色はオフホワイトでフォントはそのままの黒を好む人がいたりと，一人一人その効果は違います。ここでもタブレットPCはその場で試すことができる，という利点があります。

　フォントの種類も影響します。弱視でも読み書き障害でも，ゴシック体が見やすい，とされることが多いです。しかし，フォントの種類と大きさの組合せの好みは一人一人で異なることがあるので，個別での調整が必要です。

音声言語でのコミュニケーションが難しい

　聴覚障害のある子どもの場合は筆談アプリがあります。タブレット PC の画面に手書きで文字を書いてコミュニケーションをとるアプリです。もちろん紙と鉛筆でも筆談はできますが，タブレット PC を使うと，何枚も紙を用意する必要がなくなります。あるいは，音声入力を使って文字化して見せる，という方法もあります。離れたコミュニケーションの場合は，手話を使っている聴覚障害児であれば，テレビ電話を使って手話で会話することでコミュニケーションをとることができます。

　知的障害の場合は，音声情報を文字化してゆっくりと時間をかけて読むと理解できる人がいます。知的障害のある人の中には，理解力の問題ではなく，話すスピードについていけないために，話の内容が理解できない人がいます。そのような人に対しては，本人がわかるような表現と文字種で書いたメール等で伝えると，伝えたいことが伝わることがあります。文字を読むことが苦手であれば，写真等で視覚化して示す方法もあります。タブレット PC であれば，その場で写真を撮ることも簡単です。

　自閉症スペクトラム障害の場合，コミュニケーション手段としての音声を有効に使えない場合があります。そのような場合は，たとえ隣にいたとしてもメールやメモ等で音声情報を文字化すると，伝えたいことがスムーズに伝わることがあります。

COLUMN

AIで学習支援はできるか？

　この本では，タブレットPCやスマートフォンといった，いわゆるICTを活用して行う学習支援について説明しています。しかし，現在話題のAI（人工知能）による学習支援は，今後どのようになるのでしょうか。関連したニュースを見てみましょう。

　学習塾がAI先生を導入する，というニュースがあります（時事ドットコム2018年1月13日）。タブレット型端末で数学の問題を出題し，子どもの解答，所要時間，計算過程等をAIが分析して，次回からはその子どもの習熟度に応じた問題を出すことで，苦手分野の克服を支援するそうです。AIサポーターによって学習意欲を高める，というニュースもあります（朝日新聞2016年11月18日）。パソコン上のデジタル教材で学習している子どもに対して，パソコン画面上のAIサポーターが，子どもの学習状況に応じた励ましをすることで，子どもの学習時間や進度を伸ばすことができた，という内容です。

　FacebookがAIを使った視覚障害者用のサービスを始めた，というニュースがあります（2016年4月6日 CNET Japan）。視覚障害のある人がFacebookを使いやすくするために，写真を説明する文章をAIによって自動でつくる機能を開発した，という記事です。マイクロソフトも，ワードとパワーポイントの写真に説明を自動で加える機能を加えたことを発表しています（日本経済新聞電子版2016年12月9日）。

　学習塾等でのAIの使い方は，今よりももっとできるようにしよう，という考え方です。一方，視覚障害者利用を考えたAIの使い方は，この本で説明している，苦手なところだけを補う，という考え方です。つまり，AIになっても考え方は同じ，ということです。ICTがAIになると，自動で補ってくれることが増えるでしょう。しかし，子どもの困難さの理解，なぜAIを使うのかという理由を大切にする必要に変わりはありません。

Q 読むことが困難な場合に使える具体的なアプリを教えてください。

　読むことが苦手な場合は，文字を音声化する読み上げアプリが有効です（「Q　困難別のサポート方法を教えてください。」（p.38）参照）。
　人工合成音声で読み上げるだけのアプリもあれば，読み上げている部分をハイライト表示したり，読み上げる音声は男女の音声選択ができたり，さらには，読み上げ音声のピッチやアクセントや速度の調整ができるものまであります。
　iOS のタブレット PC（「Q　タブレット PC にはいろいろな種類がありますが，どれがいいですか。」（p.22）参照）であれば，画面上の文字はすべて音声化できます。「設定」項目の中の，「一般」→「アクセシビリティ」→「スピーチ」で設定します。音声化には「選択項目の読み上げ」と「画面の読み上げ」の2つの設定があります。「選択項目の読み上げ」は読み上げさせたい部分だけ音声化でき，「画面の読み上げ」では画面の文字すべてを音声化できます。
　DAISY（デイジー）教科書という，教科書に朗読を組み込んだ教科書があります。DAISY 教科書を読むアプリは，Windows 用，iOS 用，Android 用すべてにあります。アプリでは，読んでいる部分をハイライト表示したり，読み上げる速度を調節できたり，背景色や文字の大きさを調整できます。DAISY 教科書は，日本障害者リハビリテーション協会というところに，該当学年と教科書会社を指定して申請すると入手できます。教科書は，小学生用と中学生用を提供しています。DAISY 教科書は，対象となる児童・生徒に対して提供されます。申請は，保護者，担任，通級指導担当，

校長，教育委員会（団体として別登録），支援者，本人が可能です。医学的診断は不要です。ダウンロードでの提供は無料で，CDでの提供は児童・生徒1名1教科につき3,000円となっています（2019年1月現在）。

　朗読を組み込んだDAISY図書もあります。このDAISY図書を使うと，読むことに困難があっても読書を楽しむことができます。ただし，図書の種類は一般図書に比べると少ない，という問題はあります。伊藤忠記念財団では，「わいわい文庫」という名前で児童書をDAISY図書として作成して，全国の図書館等に無償で提供しています。

　東京大学先端科学技術研究センターでは，Access Reading（アクセス・リーディング）という，障害により印刷物を読むことが難しい人々のためのオンライン図書館を登録者に提供しています。Access Readingでは，高校生用の教科書も提供しています。

　サピエ図書館という，視覚障害者などの目で文字を読むことが困難な人に対して，さまざまな情報を点字，音声データなどで提供するインターネット上の図書館があります。ここに読み書き障害者も登録が可能で，登録すると音声化されている図書が利用できるようになります。直接利用の個人会員の利用は無料です。サピエ図書館には，音声デイジーデータ（朗読付き）約7万タイトル，テキストデイジーデータ（人工合成音声で読み上げさせる）約2千タイトルがあります。

　紙に印刷された文章をタブレットPCで音声化することもできます。紙に書かれた文章をカメラで撮影してデジタル化するOCRアプリを使います。「カメラで撮影」→「OCRアプリでデジタル化」→「音声読み上げ」という順番です。OCRアプリはその精度が課題ですが，辞書がクラウド上にあるものは精度がまさに日々上がっていますので，実用レベルのものがいくつもあります。

Q　書くことが困難な場合に使える具体的なアプリを教えてください。

　書くことが苦手な場合は，音声入力アプリ，録音アプリ，カメラ機能，キーボード入力が有効です（「Q　困難別のサポート方法を教えてください。」（p.38）参照）。

　音声入力アプリは，話した内容が文字に変換されるアプリです。夏休みの日記や連絡帳やメモ等に応用できます。このときのポイントは，子どもに内容を考えるように支援する，ということです。書くことが苦手だと，ついつい短い文章や単語だけで終わろうとします。しかし，文字はアプリが書いてくれるわけですから，内容を考えることにエネルギーを使うように励ますことです。ただし，このアプリを使って文字化すると，自動で変換される漢字は小学生の学年別配当指定はできないので，小学生の場合，習っていない漢字に変換されることがあります。

　録音アプリは，話したことを録音するアプリです。これも作文やメモ等に使えます。録音アプリの中には，タグ付けができるものもあります。このタグ付けを上手に使えるようになると，学校で先生の，例えば，夏休み中の生活の注意や，社会科見学で訪れた見学先での説明のように，覚えておくべき内容が多い場合に，後から聞きたいところだけを聞き返すことができるメモをとることができます。

　カメラ機能は，書き写すものをカメラで撮る，という方法です。このとき注意しなければいけないことは，必要な情報だけを画面に入れてピントを合わせて撮る，ということです。また，撮った写真を整理するスキルも身につけないと，せっかく撮った写真が探せなくて使えなかった，ということにな

ってしまうかもしれません。

　カメラ機能の応用として，学習プリントを写真に撮り，写真に書き込みができるアプリを使ってプリントの写真に答えを書いて，最後に写真を印刷する，という使い方があります。

　鉛筆では書くことが困難でも，キーボードを使うと楽に書くことができる子どもがいます。そのような子どもには，タブレットPC上のキーボードで書くことをサポートします。タブレットPCの利点の一つとして，複数の種類のキーボードが選択できることです。ローマ字入力，ひらがな50音表入力，携帯電話の入力等々が選択できます。また，予測機能によって候補語が出ることも，書字に困難がある子どもにとっては大きな支援になります。

録音アプリ

カメラ機能

Q 作文や読書感想文を書くことが苦手です。タブレットPCを使ってサポートする方法はありますか。

　マッピングアプリと本人に合った入力方法を使うと，作文や読書感想文を書くことが楽になります。

　マッピングアプリとは，ものごとを視覚化して整理するツールです。単語等を並べて，関係があるものはつなげて，関係ないものは別のまとまりとしていくことで，一見してその関係がわかるようにできるものです。

　作文や読書感想文を書くときに，まずキーワードをどんどん書き出します。次に，そのキーワードそれぞれの関係をまとめます。最後に，それらのキーワードを，考えた順番に文章としてつないで書いていきます。そのようにすると，いつの間にか作文や感想文ができあがっている，というぐらい楽に書き上げることができます。

　キーワードを文字にするところでは，本人が一番楽な入力方法を使いましょう。しかし音声入力は，たくさんの人が同時に話している教室等の，本人の声以外の音が多くある環境では正確に文字変換しないので，複数の入力方法をつかえるようにしておくと，タブレットPCを学校で使う場合は有効です。

　マッピングアプリではなく，付箋を使っても同じことができます。

　なぜマッピングアプリや付箋を使うと楽に作文や感想文が書けるようになるかというと，低次の書きと高次の書きの作業を同時にするのではなく，分けてすることになるからです。

　低次の書きにエネルギーが必要な子どもは，考えていることを文字にすること（低次の書き）にエネルギーを使っていると，考えていること・考えて

いたこと（高次の書き）を忘れてしまうのです。書くことが困難な子どもは，低次の書きと高次の書きを同時にしていると，どうしても低次の書きのほうにエネルギーを使わざるをえないので，高次の書きにエネルギーが回らないのです。マッピングアプリや付箋を使うという方法は，低次の書きと高次の書きを分けて作業することになります。まず，低次の書きに集中し，その後で，高次の書きだけに集中することできるようにすると，作文や感想文が楽に書けるのです。

書き出した遠足の作文のためのキーワード

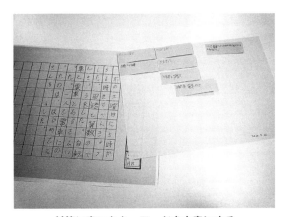

付箋に書いたキーワードを文章にする

Q 予定変更が苦手，予定を忘れやすい場合に使える具体的なアプリを教えてください。

　カレンダーやリマインダーが使えます（「Q　困難別のサポート方法を教えてください。」(p.38) 参照）。

　カレンダーでは予定の設定と確認ができます。このときの注意点としては，予定を入れるときにはできるだけ短い単語で入れる，ということです。予定の名称を正確に入れようとすると，それが負担になってしまって，結局予定を入れるのをやめてしまうことになるかもしれません。本人がわかればいいことなので，略語でもいいでしょう。

　カレンダーはできるだけシンプルなアプリを使いましょう。多機能なアプリは必要ありません。文字ではなくイラスト等でスケジュールを立てることができるアプリもあります。このようなアプリであれば，文字を読むことが苦手な知的障害のある子どもも使うことができます。

　カレンダーを使うに当たっては，カレンダーを見る，という習慣をつけなければ，いくら予定を入れても無駄になってしまいます。タブレットPCとアプリを用意しても使えない，という話を聞くことがありますが，タブレットPCは単なる道具ですから，使い方を練習する必要があります。子どもたちは，学校の時間割を合わせる習慣がついていることが多いのではないでしょうか。時間割を見るのと同じようにカレンダーを見ることができるようになれば，カレンダーを活用することができるようになります。でも，すぐにはカレンダーを頻繁に見る習慣はつかないかもしれませんから，リマインダーを活用するとよいでしょう。

　リマインダーでは，予定をメールや音や振動で知らせる設定をしておけば，

大人から言われなくても自分で予定を管理できます。人から言われると、その声の調子に含まれている感情に子どもは反応することがよくあります。特に親からだと、小言をいう、ということが普通になってしまっていると、子どもは素直に親のアドバイスを聞けないかもしれません。そのようなときに、リマインダーの機械的な音や振動は、感情がこもっていないので、子どもは素直に予定に気づくことができるのです。

　道具を使っていると、いつまでたっても自分でできるようにならないのではないか、という心配を聞きます。しかし、サポートツールを上手に使って、大人に言われたからする、というのではなく、自分自身で予定の管理ができれば、それでいいのではないでしょうか。

Q ローマ字を覚えることができません。どのような入力方法をすればいいでしょうか。

　ローマ字入力にこだわらないで，本人が一番楽な入力方法を探しましょう。
　音声入力，ひらがな入力（フリック入力，携帯打ち入力，ひらがな50音配列キーボード，手書き入力），ローマ字入力等々を試してみて，一番楽に入力できる方法で入力しましょう。

　タブレットPCがパソコンと違う点は，入力方法が複数あり，そのための別の機器類が不要であるという点です。もちろん，パソコンでもソフトや外部装置を活用すれば，キーボード以外の入力方法は用意することはできます。しかし，タブレットPCは最初から複数の入力方法を試すことができますし，アプリをインストールすることで，より多くの入力方法を準備することができます。
　タブレットPCに，パソコンと同じQWERTY配列のキーボードを外付けで使うこともできます。

　なお，ローマ字を覚えなくても，ローマ字入力は可能です。音と指の運動で覚える方法です（「Q　困難別のサポート方法を教えてください。」(p.38) 参照）。
　例えば，大人に「か」といってもらい，「K」と「A」のキーボードが，キーボードを見ないで打てるように練習します。このとき大切なことは，指のホームポジションと各キーに対応する指を守ることです。どうしてもキーボードを見てしまうようだと，キーボードの上に置いた手にハンカチ等をか

けて，キーボードが見えなくする，という方法があります。練習が必要ですが，この方法で覚えると，音と指の運動が自動化します。

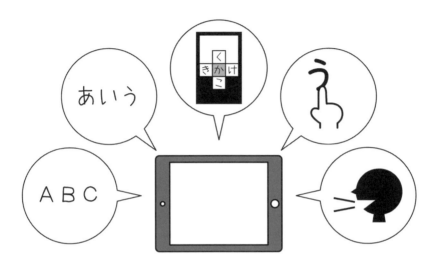

Q 学習に使えるアプリの見つけ方はありますか。

　まず，本書巻末の「参考サイト等」で紹介されているアプリを使ってみましょう。

　自分で探す場合は，キーワードは「教育」にこだわらないで探すことがポイントです。教育アプリで探すと，反復練習のためのアプリが中心になる可能性があります。本書でのタブレットPCの使い方は，反復練習ではありません。そうではなくて，勉強するために必要な文字の読み書きや計算が正確に速くできない場合に，その読み書き計算を補助代替するためにタブレットPCを使う，という使い方です。

　その使い方をするためには，子どものどこに困難があるかを知ることが一番重要です。困難さがどこにあるのかがわかれば，その困難はどうすれば楽になるか，そのためにどのような支援があればよいか，を考えることができます。例えば，書くことが困難であれば，音声を文字化すること，写真に撮影すること，録音すること等々がサポート手段として考えられますから，それらが可能なアプリを探す，ということになります。

　著者がアプリを探すときには，「読み上げ」「朗読」「文字化」「入力」「録音」「写真」「計算」等々を検索キーワードとして探すことが多いです。

　しかし，探すことにあまりエネルギーをかけないことです。アプリを使って学習を補助代替するスキルを身につけることが目標であって，より使いやすいアプリを見つけることは目標ではありません。今手元にあるアプリで補えるところを補う，という考え方を大事にしてください。

　iOS用の定番アプリを，参考として紹介しておきます。

＜iOS 用定番アプリ＞
- 標準装備の「音声読み上げ機能」(「スピーチ」)
- 標準装備の「音声入力」
- 「OCR」(OCR アプリ。手書き文字も認識可能)
- 「Voice Dream Reader」(音声読み上げアプリ，日本語も英語も音声化可能。Word ファイルの音声化ができる。読み上げているところにハイライトがつく)
- 「Simple Mind+」(マッピングアプリ)
- 「ボイスオブデイジー (VOD)」(DAISY 教科書や DAISY 図書の再生アプリ)
- 「いーリーダー」(DAISY 教科書や DAISY 図書の再生アプリ)
- 「タッチ＆リード」(OCR アプリ。音声読み上げと写真に書き込みができる。試験用紙を写真にとって，読み上げ補助で解答できる。解答は手書きでもキーボードでもできる)
- 「UPAD for iCloud」(写真，PDF 等への書き込みができるアプリ。プリントを写真にとって解答するときに使用する)
- 「Office Lens」(OCR アプリ。抽出した文字を音声で読み上げることができる。撮った写真の補正ができる)
- 「常用漢字筆順辞典」(漢字の読み方・筆順等を調べるアプリ)
- 「Bear in Mind」(朝のアラーム，タスクリマインダー付き To Do アプリ)

Q 時間をかければ文字を正しく読むことも書くこともできます。それでもサポートツールが必要でしょうか。

　サポートツールを上手に組み合わせて勉強することを勧めます。
　サポートツールを使わずに文字を読んだり書いたりすることに時間をかけた結果，疲れ果ててしまって，他の勉強ができなくなってしまうかもしれないからです。
　時間に制限がない場合ならば，自分の力だけで時間をかけて読み書きすることは可能でしょう。しかし，学校では時間の制限があります。例えば，板書はいくら長くてもその授業時間だけでしょうし，試験には制限時間があります。連絡帳を書き写すのに時間がかかってしまい，友だちと一緒に帰ることができない子もいます。同級生の2倍書字に時間がかかる子どもは，試験で全問答えがわかっていても，書き始めると試験の制限時間内では半分しか解答できないでしょう。解答した全問が正解でも50点で，大人からは，半分だけわかった，と評価されてしまうかもしれません。
　文字の読み書きに過剰に時間をかけていると，それだけで疲れてしまって，内容を深く理解したり書く内容を吟味したりする努力をやめてしまうかもしれません。これは，読み書き障害のある子どもの特徴として，「易疲労性」として指摘されていることです。疲れると，作文で書こうと思っていた内容を忘れてしまい，ついつい短い文章にしてしまう，ということも実際によくおこります。そのようなことが続くと，学習意欲そのものも低下してしまいます。
　この疲労については，私たちが苦手な外国語の読み書きをしている場面を想像してください。数行程度の短い文章であれば，いやいやでも最後まで読

めるし書けるでしょう。しかし，何十ページもある本を読まないといけなかったり，数ページにわたる文章を書かなければいけなかったりすると，途中で疲れてしまわないでしょうか。時間に制限がなくても，疲労は必ず起こります。そうなると，読む意欲も書く意欲もなくなってしまいます。
　また，短い距離なら歩くことができる，車イスを使用している肢体不自由児を考えてください。家の中は自分の足で歩いて移動できても，家の外の移動は車イスを使うことが通常ではないでしょうか。それは，自分の足で歩く，ということが目的ではないからです。移動が目的です。移動が目的であれば，楽にできる手段を選びます。
　文字の読み書きも，文字の読み書きそのものが目的ではなく，学習が目的です。だとすると，楽に学習できる手段を選ぶべきではないでしょうか。

Q　タブレットPCやパソコンは高価です。これらを使わなければ，読み書きの困難をサポートすることはできないのでしょうか。

　もちろん，読んでもらう（代読，読み上げ）や書いてもらう（代筆）で，読み書きの困難を補うことは可能です。
　しかし，代読や代筆を使うときには，読んでもらう人や書いてもらう人に依頼をしなければいけませんし，その人と時間と場所を合わせなければなりません。自分のペースでの読み書きができない，という欠点があります。その点，タブレットPCを使うと，自分の好きな時間に好きな場所で，自分のペースで学習することが可能になるのです。
　また，道具を使うことは，自立という点で重要です。自立では，自分自身で自分の困難を補う，という観点が重要になります。
　合理的配慮は本人申請が原則です。本人が自分の困難さを理解し，他の人に自分の困難さを説明ができ，さらに，どのような合理的配慮があれば困難さによる不都合を補うことができるのかを説明し，合理的配慮の提供を申請する必要があります。この合理的配慮申請においても，自立している必要があるのです。

　ただし，年齢によってサポートを使い分ける，という考え方は重要です。
　低学年のときは，大人が一緒に勉強することが有効な場合が多いかもしれません。それは，読み速度や一度に読む分量等を，大人が子どもの様子を見ながら調整できるからです。しかし，学年が上がれば，大人と一緒に勉強したくなくなるのが通常でしょう。そのときには，タブレットPCを活用した読み書き支援を取り入れればよいと思います。もちろんその前には，タブ

レットPCを使った支援方法を習得している必要があります。しかしこのときも，すべての支援方法を知っている必要はありません。キーボードでの入力だけ，文字を音声化するだけ等々，ピンポイントでの支援方法で大丈夫です。

3 タブレットPCを学校で活用しよう

Q 学校にタブレットPCを持ち込むためにはどうしたらいいのでしょうか。

　家庭で使いこなせていることが必要です。

　学習のサポートツールとして，学習のどの場面で，どの機能を，どのアプリを，どのように使うのかを子ども本人が十分理解し，かつ自分一人で自由自在に操作できている，ということが必要です。また，学校で使いたいタブレットPCには，ゲーム等の娯楽アプリはもちろん一切入っていない状態でないといけません。

　使う根拠も必要です。例えば，なぜキーボードを使うのかという根拠には，手書きの書字速度とキーボード入力速度が必要です。手書きの書字速度が，学年平均と比較してどの程度の遅さであり（通常は，平均値から標準偏差はいくつ離れているのか，という値（z値）で示します。z値が±1.5以上の場合に「困難レベル」と判定することが多いです），キーボード入力速度は手書き速度の学年平均レベルにあることを示す必要があります。

　例えば，小学6年生で手書き（視写）速度が1分間に15文字の子どもがいるとします。小学6年生の平均手書き速度は1分間に31.3文字（標準偏差9.1）ですから，この子は同級生よりも約2倍の時間がかかる（この場合のz値は−1.8）ことを，まず示します。次に，キーボード入力速度を測ります。キーボードの入

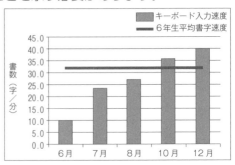

10月で手書きの書字速度の平均を超えるキーボード入力速度となったので，キーボードを教室に持ち込む根拠ができた

力速度は，漢字変換や誤りの修正等にかかる時間も含めます。このときに注意することは，キーボード入力速度を測定した課題は，手書き速度を測定した課題と，漢字の含有率が同じで内容の難しさも同程度であることです。そして，キーボード入力速度を同学年の手書き速度の平均と比較し，同程度（z値で－1以内）であれば道具として実用的なレベルであると考えます。

　代読（読み上げ）も同じです。読み速度と，独力で解答した試験の成績と代読時の試験での成績の比較が必要です。

　大事なことは，タブレットPCは，例えば，読み書きに困難がある場合だと，困難がある読み書きだけをサポートする単なる一つの道具にすぎない，ということを十分理解することです。学校にタブレットPCを持ち込んだだけでは，読み書きの困難がすべて解消することはありません。本人が自分の読み書きの困難さについてよく理解し，その困難さをタブレットPCでどのように補うのか，ということを理解している必要があります。さらには，学校等で，自身でタブレットPCの必要性を説明できることが望ましいです。

実際に授業で使っている様子

Q 学校でタブレットPCを用意してもらうことはできないのでしょうか。

　できません。使う人が用意しなければいけません。
　車イスを使っている子どもは，車イスを自分で用意しています。補聴器を使っている子どもも，補聴器は自分で用意しています。同様に，タブレットPCを学習の補助代替として使うのであれば，それは個人的サービスですから，個人で用意することになります。
　合理的配慮と個人的サービスは異なります。個人的サービスを使う環境を提供することが合理的配慮です。
　文部科学省が2015年に出した障害者差別解消法への「対応指針」の中には，「読み・書き等に困難のある児童生徒等のために，授業や試験でのタブレット端末等のICT機器使用を許可」と，「準備」ではなく「許可」と書かれています。つまり，ICTの使用練習は個人的サービスにあたる，ということです。準備は個人で行い，その使用について許可することは合理的配慮である，ということです。
　タブレットPCの練習も個人的サービスです。家庭等で使いこなせるように練習する必要があります。学校で使えるようにしてほしい，という要望を聞き入れてもらうことは難しいでしょう。補聴器や車イスを使う練習は学校外でして，十分使えるようになってから学校でも使っている，ということと同じだからです。
　しかし，車イスや補聴器であれば，病院のリハビリテーション等の練習する場所があります。タブレットPCの使い方を練習する場所は，ほとんどないのが現状です（巻末＜参考サイト等＞のハイブリッド・キッズ・アカデ

ミーがあります。また，福井市にある平谷こども発達クリニックでも行っています（クリニックのＨＰ参照））。
著者が行っている臨床場面での練習プログラムを，以下に参考として載せておきます。

＜基礎スキル＞
1　音声読み上げの方法，インターネットを使った検索方法，各自に合った入力方法，メールの書き方（解答等を提出するときに必要なスキル）
2　写真撮影・簡易編集・アルバム管理方法
3　マッピングアプリの使い方
4　カレンダー，フィッシュボーン図を使った予定管理方法
5　紙のプリントを写真で取り込んでタブレット PC 上で解答する方法
6　紙のプリントを OCR でデジタル化して取り込み，音声読み上げ等を使って内容を理解する方法
7　デジタル図書のダウンロード，自分に合ったフォントの種類・大きさ，背景色等の設定方法

＜応用スキル＞
1　紙情報のデジタル化と内容の要約文・感想文作成方法（OCR，音声読み上げ，キーワードの抽出，マッピングアプリ，5段落文章構成法）
2　動画情報・音声情報の要約文・感想文作成方法（キーワードの抽出，マッピングアプリ，5段落文章構成法）

Q いつ頃から使い始めればいいですか。

　自分で操作ができて，本人が勉強に使いたいと思っているなら，使えるときから使える機能を使いましょう。

　本人が楽になるサポート機能を一つにしぼって使ってみましょう。自分で操作してそのサポート機能が使えるならば，小学校1年生であっても使うことを勧めます。大事なのは，楽に勉強できる，という経験を積むことです。
　例えば，書く速度が遅く，連絡帳を書くことに時間がかかってしまい，みんなと一緒に帰ることができないのであれば，板書を写真に撮って，それを連絡帳にしましょう。読み速度が遅く，本を読むことが苦痛なため，夏休み等の感想文を書くことを嫌がっていたら，朗読付きの電子図書（例えば，DAISY（デイジー）図書）を聞きましょう。一人で音声入力が使えるのであれば，感想を口で言って，それを音声入力で文字化しましょう。音声入力が一人では使えないのであれば，大人に代筆してもらいましょう。文字にしなくても録音をそのまま提出してもよいことが認められたら，口で言った感想を録音して提出しましょう。

　もちろん，年齢が低ければ，文字の読み書きへの何らかの訓練の効果はまだあります（「Q　小学校低学年でタブレットPCを使うときに気をつけることはなんですか。」(p.100) 参照）。しかし，読み書きの苦手さを補う訓練ばかりしていて勉強に遅れが生じるようだと，それは本末転倒ではないでしょうか。また，読み書きの訓練に疲れてしまい，学習意欲が低くなってし

まっても，訓練の意味がなくなってしまうのではないでしょうか。何よりも学習そのものが大切なのであって，学習のためのスキルを身につけることばかりに時間を費やしていると，それでなくても短い学校生活の間に身につけなければいけない知識を身につけずに卒業してしまうことになります。

　本人が少しでも楽に学習できる機能に絞って，使えるときから使い始めることです。

Q　タブレットPCは
　　どの子の学習にも有効ですか。

　本書で紹介している学習サポートに使う，という観点からは，どの子にも有効であるとはいえません。

　従来の紙と鉛筆で十分な子どもはたくさんいます。何度も読み何度も書いて覚える勉強方法があっている子はたくさんいます。

　一つの興味深い報告があります（平成22年度「民間組織・支援技術を活用した特別支援教育研究事業」（発達障害等の障害特性に応じた教材・支援技術等の研究支援）東京大学先端科学技術研究センター・人間支援工学分野最終報告書（http://www.mext.go.jp/component/a_menu/education/micro_detail/__icsFiles/afieldfile/2011/09/09/1310526_4.pdf））。小学校で，国語の電子教科書が入ったタブレットPCを全員に渡して，タブレットPCの電子教科書を使ってもいいし通常の紙の教科書を使ってもいい，という条件で国語の授業を行った研究結果です。報告には，一つの単元終了までに3分の2の子どもが紙の教科書に戻った，と書かれています。その結果について，報告書では次のように考察しています。「特定の児童に提供した場合は，その児童は単元の終了まで使用をしており，電子教科書の"読みを支援する"機能を事前に紹介されていた他の児童が，その点で不満をもらすことはなかった。児童はATの使用が自分に必要かどうかを自身で考え，必要のない場合や，紙の教科書のほうが自身にとって都合がよい場合には，そちらを選択できていたことが考えられた。」

　報告書に書かれているように，通常の紙の教科書で何の問題もない子どもたちが大多数です。しかし，紙と鉛筆という学習道具や，何度も読み書きす

るという勉強方法が有効でない子どもも，マイノリティーかもしれませんが一定数います。そして，その子どもたちにはタブレットPCが有効である可能性があるのです。ただし，全教科で有効であるとは言えません。国語だけかもしれません。また，国語の中の文章読解の部分だけ，あるいは，解答を書く部分だけに必要かもしれません。このように，特定の子どもにとってピンポイントで有効なのがタブレットPCによる学習サポートです。

　タブレットPCを学習補助に使うためには，その子が学習のどこに困っているのかを具体的に知っていなければいけません。また，なぜタブレットPCの一つの機能を，特定の場面で使うのかが明確になっている必要があります。そのためには，その子の実態を知るための評価が重要になります。「小中学生の読み書きの理解（URAWSS Ⅱ）」「標準読み書きスクリーニング検査（STRAW-R）」「特異的発達障害診断治療のための実践ガイドライン」等の読み書き検査はその評価の一つです。「実践ガイドライン」は算数障害について評価できる唯一の検査です。

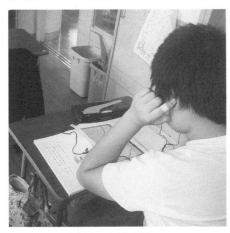

音声読み上げを使って
内容を理解しようとしている

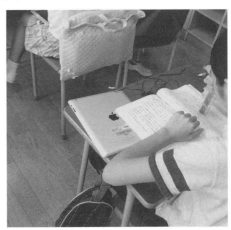

タブレットは伏せて
教科書で勉強している

Q　障害の診断はありません。
　　それでも使っていいでしょうか。

　診断がなくても，タブレットPCを使うことで楽に学習できるのであれば，使うことを勧めます。

　発達障害の特性は，あるかないか，というはっきりとした境界線があるわけではありません。特性が濃い人からほとんどない人まで，

スペクトラム

グラデーションの違いとして連続しています（スペクトラムといいます）。一般的に，発達障害の診断は，社会的な不適応がなければされません。しかし，何らかの発達障害の特性があれば，社会生活を送るうえで大なり小なりの困難や不都合があると思います。タブレットPCを道具として使うと，その困難や不都合が少しでも軽減されて楽に生活や学習ができるのであれば，積極的に使えばよいでしょう。「Q　読み書きに苦労している子どもにタブレットPCを使うと，もっと読めなくなったり書けなくなったりしませんか。」(p.84) でも説明しましたが，楽に学習できることで，学習効率が上がることはもちろんのこと，学習意欲も高まるでしょう。さらに，大きなエネルギーを使って学習等をしていると，学習意欲が低く

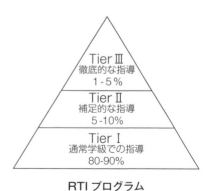

RTIプログラム

なり学習が遅れていく危険性がありますが，その危険性を防ぐことができる可能性もあります。

　診断がなくてもタブレットPCを使ったらよい，ということの根拠にRTI（Response to Intervention）プログラムという支援方法があります。これは，読み書き障害に対する支援プログラムです。RTIモデルは，これまでの研究で一定の効果が明らかになっている指導を，学習の遅れの兆候を示す子どもに対して通常学級の集団で実施し，その指導では効果がない場合には次の補足的な指導を行い，それでも効果が得られない場合には，より手厚い個別指導に移行していくという段階的モデルになっています。このRTIモデルの利点は，困難な状態になる前に支援ができることです。困難レベルではないけれども苦手レベルの子どもにとっても，支援を受ける機会が提供されるという利点もあります。

　また，カウンセリングの一つに，解決指向アプローチ（ソリューション・フォーカスト・アプローチ）というものがあり，その中心哲学は次のようなものです。「ルール1　うまくいっているなら変えようとしてはいけない」「ルール2　一度でもうまくいったならまたそれをしなさい」「ルール3　うまくいかないなら何か違うことをしなさい」。ここにも，診断を待たなくても支援をするほうがよい，というメッセージがあります。

　このようなプログラムや考え方が実際にあるわけですから，診断がなくてもタブレットPCを使ってみればよいでしょう。

Q 苦手な読み書き計算を
　　できるようにしなくても大丈夫ですか。

　障害の医学モデルから社会モデルに考え方を変えてください。
　医学モデルでは，障害のある人が経験する不便さ等は本人の障害が原因であるとします。それに対して社会モデルでは，不便さ等は本人ではなく社会に原因があるとします。車イスユーザーにとっての階段しかない建物とエレベーターがある建物を比較して考えるとわかりやすいでしょう。肢体不自由という障害が原因で2階に上がれないのではなく，エレベーターがない，という状態が2階に上がれないという不便さをつくっている，という考え方が社会モデルです。

　読み書き計算に困難がある，という状態は，すらすらと正確に読み書き計算ができない，という状態です。その速度と正確さの困難さは，少しは改善しますが，完全になくなることはありません。読み書き計算に困難がある子どもは，読み書き計算に困難がある大人になります。それは，視覚障害，聴覚障害，肢体不自由等の障害がある子どもは，それらの障害のある大人になるのと同じです。しかし，読み書き計算の困難さは，視覚障害や聴覚障害や肢体不自由のように目に見えません。だから，子どもは努力不足と誤解され，回りの大人は，できるようにしなければいけないと思ってしまいます。
　著者は，読み書きに困難がある成人の読み書き検査をして，その結果を説明することがあります。検査結果を聞いて，ほとんどの人が，「私の努力不足ではなかったのですね」といいます。「がんばれがんばれ」と回りから言われ続け，自分では人一倍がんばってきたつもりなのに，いつまでたっても

回りの人と同じようには読み書きができなかった，という過去を話す人もいます。

　努力不足ではない，ということを説明する道具として検査があります。読み書き計算の困難さを，聴覚障害の聴力や視覚障害の視力と同じように数値化することで，困難さを理解してもらいやすくなります。

　読み書き計算の困難さは，その正確さと速度に表れます。読み書き計算の検査は，正確さと速度を測ります。正確さは，20問の漢字が何問書けるか読めるか等の検査でわかります。速さは，1分間に書き写せる文字数（書字速度），1分間に読める文字数（読字速度），計算の速度等でわかります。そして，測定した正確さと速度を同学年の平均値と標準偏差を使って比較します。そうすることで，困難さを視覚化することができます。

　学習の目標をもう一度思い出してください。知識を増やし，その知識を使って考え，考えたことを第三者に説明できるようになることが学習の目標でした。文字の読み書きや計算ではありません。文字の読み書きや計算は，学習の目標に到達するための単なる道具です。だとすると，道具としての読み書き計算がスムーズに使えなくて，学習の目標に向かって進むことができないのであれば，別の道具を使えばよいだけではないでしょうか。

　障害の社会モデルでタブレットPCを考えると，タブレットPCという「環境」がない状態が，読み書き計算の困難という「障害」をつくっている，となります。だとすると，環境としてのタブレットPCを用意することは理にかなったことではないでしょうか。

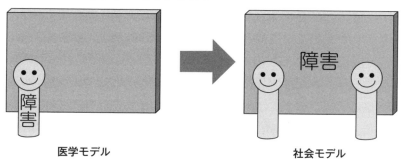

Q 実際に通常の学級で使っている事例はありますか。

　いくつか事例はあります。
　著者が支援した事例では，書くことに困難がある小学生が，連絡帳を書くときだけiPadで写真を撮る，ということだけをしています。それ以外には使っていません。しかし，その小学生は，連絡帳を書くことが苦痛でしかたがなく，そのために学校も休みがちだったのが，連絡帳を書く代わりに写真を撮って帰るということを認めてもらってからは，学校を休むことがなくなりました。
　ポメラという携帯キーボードを使うようになってから，授業を受けるようになった小学生もいます。これは，金森克浩編集『実践　特別支援教育とAT　第4集』（明治図書，2014年）の中に，著者の事例がありますので参考にしてください（河野俊寛「スマートフォンとポメラを活用した支援で，登校しぶりは改善しなかったが学習意欲が戻った，2つの発達障害を合併している事例」）。
　上記の『実践　特別支援教育とAT』シリーズの中には，通常学級で使われた事例の紹介があります（巻末〈参考文献〉参照）。第4集には，保護者の立場から書かれた，松矢真由美「『できた！』を感じる大切さ」，第5集には，研究者の立場から書かれた，熊谷恵子「通常の学級におけるICTを活用した学習支援」があります。
　高校入試や大学入試での配慮事例としては，『学校でのICT利用による読み書き支援』（金子書房，2016年）があります。入試については，「Q　タブレットPCで勉強できても，入試等では使えないのだったら，紙と鉛筆で

の勉強もしなければいけないのではないですか。」(p.86)を参考にしてください。

　また，DO-IT Japan というプログラムが参考になります。DO-IT Japan のホームページ（https://doit-japan.org/2017/index.html）には，以下のような説明があります。「DO-IT（Diversity, Opportunities, Internetworking and Technology）Japan プログラムでは，障害や病気のある小中高校生・大学生の高等教育への進学とその後の就労への移行支援を通じ，将来の社会のリーダーとなる人材を育成するため，「テクノロジーの活用」を中心的なテーマに据え，「セルフ・アドボカシー」，「障害の理解」，「自立と自己決定」等のテーマに関わる活動を行っています」。そして，2008年度からの報告書が PDF でダウンロードできます。この報告書の中に，参考になる事例が多く載っています。

教室内にパソコン・スキャナー・プリンターを持ち込んで配られたプリントをスキャナーで取り込み，パソコン上で解答し，プリンターで印刷して提出する

Q　読み書きに苦労している子どもにタブレットPCを使うと，もっと読めなくなったり書けなくなったりしませんか。

　逆に，もっと読もう，もっと書こうという学習意欲があがることが期待できます（「Q　時間をかければ文字を正しく読むことも書くこともできます。それでもサポートツールが必要でしょうか。」（p.66）参照）。

　タブレットPCを使うことで楽に勉強できるという経験は，学習意欲を増やすことはあっても，減らすことにはつながらないでしょう。

　低次の読み書きの部分で多くのエネルギーを使ってしまい，疲れ果てた後にやっと高次の読み書きができるかどうか，という状態が読み書きに困難がある状態です。このような状態が続くと，読み書きだけではなく，学習そのものに対しても「どうせできない」と無気力になってしまうことがあります。心理学では，そのような状態を学習性無気力（学習性無力感）といいます。「どうせできない」という無気力がもとからあったのではなく，結果が出ない努力を続けた結果として無気力になってしまった状態です。しかし，注意してほしいのは，読み書きに困難がある子どもは，学習そのものにつまずいているのでなくて，低次の読み書きにのみつまずいている，ということです。ですから，低次の読み書きが楽にできるようになれば，高次の読み書きが苦ではなくなるので，「どうせできない」と最初から思わなくなる可能性がある，ということです。

　タブレットPCには，低次の読み書きを楽にする機能やアプリがたくさんあります。タブレットPCを使って低次の読み書きを補助代替することで，高次の読み書きを楽しむことが可能になると，学習意欲があがることが期待できる，というわけです。

実際に，これまで本を一切開こうとしなかった子どもが，自分の関心がある宇宙の本を手に取り，何とか内容を理解しようとする姿を見せた例があります。また，文字を書くことを極端に嫌がっていた子が，授業中のノートはキーボードでとるようになってから，試験のときだけは鉛筆で解答するようになった例もあります。

　もちろん，練習すれば文字の読み書きの正確さはある程度までは改善します。しかし，流ちょうさの困難は大人になっても残る，という研究結果を考えると，文字の読み書き練習ばかりするのは逆効果だといえます。文字の読み書きは，あくまでも思考の道具でしかありません。文字の代わりに別の道具を使って考える，と考えてください。

Q　タブレットPCで勉強できても，入試等では使えないのだったら，紙と鉛筆での勉強もしなければいけないのではないですか。

　現在の入試に合わせるという考え方よりも，「合理的配慮」として申請することを考えてください。

　「合理的配慮」は，申請があってはじめて検討されます。申請しないことには何も始まりません。申請するときに重要なのは，実績があり根拠があることです。そのためには，どんどん日常の学習で使っていることが必要でしょう。根拠については，専門家の協力を得ておくといいでしょう。相談先としては，〈参考図書〉にあげた『ディスレクシア入門』（加藤醇子，日本評論社，2016年）の巻末に「関連機関」が載っていますので，参考にしてください。また，NPO法人全国LD親の会のホームページには，「全国各地の診断・相談機関」（http://www.jpald.net/pdf/sindankikan090323.pdf）が掲載されています。発達障害者支援センター，各都道府県・政令市の教育センター，特別支援学校の教育相談も相談先です。

　大学入試センター試験においては，すでに各種の配慮事項が用意されています。国連の「障害者の権利に関する条約」を日本も批准したので，今後はますます合理的配慮の提供が進むことが考えられます。合理的配慮としてサポートツールを使いこなしていることが，入試等においても必要な時代はすぐ目の前まで来ているといえるでしょう。

　大学入試での配慮事項以外の配慮事例は，DO-IT Japan 2016報告書に載っています（「Q　実際に通常の学級で使っている事例はありますか。」（p.82）参照）。

　高校入試においては数例が新聞報道されています。

奈良県の公立高校の入試では，問題文の監督者による読み上げと，問題用紙の拡大，という配慮がありました（読売新聞2012年2月8日）。神奈川県では，パソコンと口述筆記での解答，という配慮がありました（毎日新聞2015年5月26日）。奈良県の2例目としては，別室受験と時間延長（各教科10分），問題は薄い藤色の用紙で120%に拡大した文字，フォントはゴシック体，申し出た部分は監督者が読み上げる，パソコンで英語の問題文を音声読み上げる，キーボードを使った問題番号と解答の記入を認める，ペンの使用を認める，字のくずれ，筆圧不足による不明瞭さ，解答の欄外へのはみだし等については，配慮した採点を行う等々の配慮が認められています（朝日新聞2017年4月23日）。

　文部科学省も，平成20年に都道府県教育委員会に対して実施した，公立高校の入試での配慮事例についての調査結果として，別室受検，試験時間の延長，問題用紙の拡大，問題文の読み上げ，監督者による口述筆記，学力検査問題の漢字のルビ振り等々があったことを，ホームページ上に公開しています（http://www.mext.go.jp/b_menu/shingi/chousa/shotou/054_2/shiryo/attach/1283071.htm）。

Q　タブレットPCで授業中に遊んでしまわないでしょうか。

　遊ばない，というルールを守れないのであれば，授業中に使うことはできないでしょう。

　学習道具としてのタブレットPCは，遊ぶことができる要素がない状態にする必要があります。つまり，タブレットPCの中には娯楽的アプリはまったく入っていない，という状態でなければいけません。

　娯楽アプリが入っていない状態であっても，気が散りやすい子でしたら，カメラ機能で遊んでしまうかもしれません。その場合は，授業中に集中力のじゃまをしそうなカメラは機能制限をかけて使えなくしておく，という方法があります。先生に協力してもらって，使わないときは先生の机に置かせてもらい，使うときだけ先生の机に取りにいく，という方法も考えられます。

　しかし，大人にコントロールしてもらうのではなく，自分でコントロールできるようになる，という考え方は，自立という観点からは重要です。そのためには，勉強に使うタブレットPCは娯楽に使わない，というルールが家庭でも守られていないといけないでしょう。

　一般的にタブレットPCは，動画を見たり，ゲームをしたりといった娯楽に使われることが多いので，タブレットPCを勉強の道具として使う，という使い方を，同級生にも先生にも説明する必要もあります。勉強のどの場面で，タブレットPCのどの機能を使う，という使い方を，実際に操作しながら説明する機会を設定する必要があるかもしれません。そのときに必要なのは，自分の困難さと，困難さを補う方法を具体的に説明する力です。

　合理的配慮の申請は，基本的に本人または保護者からです。障害者差別解

消法が施行されてからは，障害者差別解消法が施行される前よりも，当事者の権利擁護の力が重視されるようになっています。法律施行前でしたら，周囲の善意を待っていればよかったかもしれませんが，法律施行後は，自らが申請し交渉する力が必要になっています。

　タブレットPCを使っての学習を進めるに当たっては，タブレットPCの使い方を教えるだけではなく，タブレットPCを使う子どもが自ら説明できる力をつける支援も必要になってきています。

Q　スマホやタブレットのゲームに夢中になってしまいます。どうすればいいでしょうか。

　ゲームを削除してください。
　タブレット PC は学習サポートにのみ使う，という方針が大切です。ゲームは別のゲーム専用機等で時間を決めて遊ぶ，という使い分けが必要です。タブレット PC は高価なものですから，購入した 1 台を家族で一緒に使いたい，という気持ちはよくわかります。しかし，ゲームが入っているタブレットを使って勉強することは不可能に近いかもしれません。私たちも，テレビがある居間で勉強しようとしても，勉強につまずくとテレビのスイッチを入れてしまうことがあります。そのような場合，わざとテレビがない部屋に行ったり，図書館等に出かけて勉強しようとするでしょう。同じように，娯楽アプリにおいても非常に強力なタブレット PC ですから，娯楽の誘惑を断ち切るためには，ゲームが存在しない環境にしないと，ゲームの誘惑に打ち勝つことは限りなく難しくなります。それは，ゲーム依存症という言葉があることからも想像できるでしょう。依存症にしてしまうほどの力がゲームにはあります。

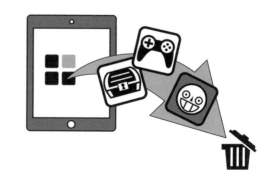

　また，ゲームをご褒美にして勉強をする，ということも，

動機づけの観点からは望ましくありません。動機づけには,外発的動機づけと内発的動機づけがあります。外発的動機づけは,お金,名誉,賞罰等の外から与えられる報酬（外的報酬）による動機づけです。内発的動機づけは,好奇心,興味意欲による動機づけです。ゲームは外的報酬として強力です。ですから,ゲームができないと勉強しない,ということも起こりえます。それに対して,タブレットPCを純粋に学習の補助に使うと,学習の面白さがわかり,学習に対しての興味や意欲がわいてくる,という内発的動機づけになる可能性があります。Deci（1975）は,「内発的に動機づけられた行動とは,人がそれに従事することにより,自己を有能で自己決定的であると感知することができるような行動」といっています。タブレットPCを上手に学習に使うことによって,これまでつまずいていた低次の読み書きができるようになり,自分で高次の読み書きへ学習を進めることができるようになることは,まさにこの定義に書かれている,有能感と自己決定感を感じながらの学習になるのです。

Q 教室で一人だけタブレットPCを使うのは平等ではないのではありませんか。

「平等」と「公正」は違います。

「平等」は，個々人の違いは考慮しないで，全員に対して同じものを与えることです。それに対して「公正」は，個々人の違いを考慮して，スタートラインを同じにすることです。タブレットPCを使うのは，「合理的配慮」として「公正」なのです。

「合理的配慮」とは，国連の「障害者権利条約」によると，「必要かつ適当な変更及び調整」です。文字を音に変換する部分に時間がかかってしまって，文章の内容を理解することが難しければ，タブレットPCを使って文字を音声に変更する，音を文字に変換する部分に時間がかかってしまい，時間内に文章を書き切れないのであれば，タブレットPCを使って音声で文字を入力する方法に変更する，と考えれば，タブレットPCは，「必要かつ適当な変更及び調整」としての合理的配慮です。つまり，タブレットPCは，学習の基礎的道具としての読み書き計算がうまく使えない場合に，個々の子どもの違いを考慮して学習のスタートラインをそろえる道具なのです。

それは，視覚障害者の点字，聴覚障害者の補聴器や手話，車イスユーザーである肢体不自由者の車イス等と同じ役目を果たしているのです。

特別支援教育は，特別支援学校，特別支援学級，通級指導教室だけで行われているのではなく，通常学級でも行われているのです。つまり，現在の日本においては，学校教育の場はすべて特別支援教育の場になっています。そして特別支援教育は，個々の子どもの教育的ニーズに応じて必要な支援を行うことですから，通常学級で，読み書き等への支援としてタブレットPC

が有効であるならば一人だけでも使う，ということは，まさに特別支援教育を行っていることです。

　障害者差別解消法では，合理的配慮の不提供は差別である，とされています。教室の全員が同じ学習方法で勉強する，という平等さにこだわって，必要な支援機器を提供しないことは，むしろ差別なのです。タブレットPCと車イス，補聴器は同じ役目をしている，ということを，大人は子どもたちと一緒に確認する必要があるでしょう。

Q タブレットPCを使うことを，他の子どもにどのように説明すればいいですか。

　目が悪い人がかけるメガネと同じ，という説明がしばしばされます。あるいは，車イスと同じ，という説明もわかりやすいでしょう。

　つまり，自力では困難な部分を道具でその部分だけをサポートする，という説明です。自力でできていることをよりできるようにすることではない，ということをはっきりと説明することが大切です。つまり有利になるのではなく，スタートラインが一緒になるだけだ，ということを伝える必要があります。

　どの子にも，背が高かったり低かったり，足が速かったり遅かったり，性格が積極的だったり消極的だったり等々一人一人違う特性があり，その一つとして学習の基礎スキルである読んだり書いたり計算したりが極端に苦手，という特色があること，でも，道具を使うとその苦手を補えるので，他の子と同じように勉強をすることができる，ということを納得してもらうことが重要です。読んだり書いたり計算したりという力を，特別のものと考えるとうまく説明できません。身体的特徴，性格，学習の基礎スキルには価値的に差はない，という前提で説明すると，子どもたちは納得してくれます。

　著者も小学校で話をしたことがあります。そのときの感想には，以下のようなものがありました。

　「私は初めて，読み書きなどが

子どもたちに説明している様子

すごく苦手な人がいるということを知りました。私には今こうして当たり前にできていることでも苦労している人がいて，でもパソコンなどを使えば楽にできる，ということも知りました」「私は字を読むことも書くこともできるけど，足がおそいです。足がおそいことも，字が書けない，読めないことは，同じことなんだと思いました」。

　ただし，他の子どもに説明するためには，読み書き算数が困難である，ということを公表することになります。本人が，公表することを納得していない場合は，他の子どもに説明することを焦らないことです。タブレットPCを家庭での学習等に使ってみる，というところから始めてもいいわけです。

　他の子どもに説明するに当たって一番重要なのは，多様性が認められている学級である，という条件です。多様性が認められていない学級では，道具を使うことや読み書き算数の困難さが，マイナスの印（スティグマ）となってしまい，いじめにつながる危険性があります。

Q 他の子がずるい，と言ったら，どう答えたらいいでしょうか。

　ずるいと言う子に，タブレット PC を読み書きに使わせてみればいいでしょう。

　ずるいと言う子は，タブレット PC を使うと，紙と鉛筆での勉強よりも楽に勉強できる，と思っているのかもしれません。しかし，タブレット PC を使って授業を受けると，タブレット PC で読み書きすることは，文字を音声化したり，プリントを一度写真に撮って，そのプリントの写真にタブレット PC で答えを書いて，必要なら印刷して提出する等々の手続きが多く面倒で，紙の本と鉛筆のほうが自分にはずっと楽に使える，と実感すると思います。そのような体験をすると，ずるいとは言わなくなります。

　タブレット PC は遊ぶためのもの，と思っている子もいるかもしれません。授業中に動画を見ることができたり，ゲームで遊ぶことができる，と思っているのかもしれません。この場合は，勉強に関係がないものは入っていないことを全員に知ってもらうことが必要でしょう。

　なぜ使うのかを，タブレット PC を使っている本人が説明しなければいけないかもしれません。その場合は，自分の苦手さを，客観的に具体的に説明できる力があるかどうかが問われます。説明のときに，自分の困難さについてカミングアウトする必要があるかもしれません。しかし，多様性を認める教室であれば，カミングアウトしなくても大丈夫かもしれません。ここでの質問のように「ずるい」という子がいるとすれば，その教室では多様性が認められていない可能性が高いので，カミングアウトまで必要かもしれません。

このように，使っている子どもが在籍している教室によっても対応は異なるでしょう。もちろん，タブレット PC を使っている本人が，他の子から「ずるい」と思われるような使い方をしない，ということも大切です。

Q 本人が他の子とは違う勉強方法をしたくない，と言って，タブレットPCを使おうとしません。どうしたらいいですか。

　本人が使ってもいいという機能を，使ってもいいという環境で使いましょう。

　家庭でなら使う，というのであれば，まず家庭で使いましょう。読みサポートには使わなくても，写真なら撮る，というのであればカメラ機能だけ使いましょう。本人に，楽に勉強できるという経験をしてもらうことは，タブレットPCの有効性を知ることになります。学校には持っていかなくても，家庭での宿題には使う，というのであれば，それはそれで有効な使用方法です。学習すべてに使うのではなく，学習の一部をサポートする，と考えましょう。

　タブレットPCを合理的配慮として考えると，そもそも合理的配慮には合理的配慮を拒否する権利もあります。これは，専門家の権威による強制（パターナリズムといいます）から当事者を守る，という意味があります。タブレットPCを合理的配慮として使う，という観点からは，本人が使わない，という選択をすることは認められなければいけません。強制は意味がありません。本人が使いたい，という気持ちが大切です。いくら保護者が使わせたいと思っても，本人が使いたいと思わない限り，上手な使い方はできないでしょう。

　とはいえ，上述したように，本人には楽に勉強できるという経験はどこかでしてほしいので，使ってみようと本人が思う機能を，本人が負担に感じることがない場所で使ってみるような働きかけはするべきでしょう。働きかけるときには，本人が何に困っていて，タブレットPCのどの機能をどのよ

うに使うと困っているところを助けることができるのかを，本人が理解できるように具体例を見せながら，できれば本人にも一緒に操作を体験してもらいながら説明することが有効です。このときにも，なんとか使ってもらおう，と焦らないことです。また，説明する大人が楽しんで操作していることも，本人の関心を引くための重要なポイントです。

まずは家庭学習で使ってみるのもよい

Q 小学校低学年で タブレットPCを使うときに 気をつけることはなんですか。

　タブレットPC中心の学習を急がないことです。
　使う機能をしぼって，楽に勉強できる経験をすることを大切にしましょう。
　楽に勉強できる経験をして，学習意欲を維持しながら，ひらがなの読み書きの正確さと流暢さを改善する学習もしましょう。

　ひらがなは，基本的に音と文字が一致している文字なので，読み書き障害のある子どもでも概ね獲得できます。また，ひらがなが書ければ，試験の答案等をひらがなで書くことができます。タブレットPCで入力するときにも，ひらがなで入力できれば，タブレットPCやスマートフォンが使えます。
　ひらがなを覚える方法としては，キーワード法（「いす」の「い」等），粘土やモールで文字を作る学習，ひらがな50音表の行と段を唱えて暗記する学習（「あかさたなはまやらわ・あいうえお」）等々があります。拗音，撥音，促音，長音等の音と文字が一致していない表記については，特殊音節に形を割り当てて視覚化して意識させる方法や，動作（サイン）を割り当てて動作化して意識させる方法等があります。
　これらのひらがな獲得のための学習方法を試しながら，同時に，代読（読み上げ）や代筆を併用して，文字学習だけではなく，覚えることと考えることが楽にできるような環境を整えることが，学習意欲を維持するうえで有効でしょう。覚えること・考えることが学習の本質であることを忘れないようにしましょう。

もちろん，本人の学習動機を高めるために，通級指導教室等での個別指導や家庭学習において，タブレットPCで「ひらがななぞり」等の学習アプリを使うことはあってもいいでしょう。しかし，学習アプリの大きな花丸や正解音等がないと，課題に取り組まなくなる恐れもあります。プリント等の通常の課題と組み合わせて使うことが大切です。

Q 小学校中学年から高学年でタブレットPCを使うときに気をつけることはなんですか。

　読み書きの困難さが原因の学習のつまずきが目立ち始める小学校中学年以降では，最初は，楽に勉強できる，という経験をすることを目的に，タブレットPCを補助代替機器として使用するといいでしょう。特に，学習意欲が下がってしまっている場合は，学習意欲を高めることが大きな目標になります。学校で使うことにこだわりすぎないで，まず家庭での学習に使ってみて，自分の学習スタイルを探ってみましょう。学校で使うためには，自分で自由に操作できる必要があるからです。自分の学習上の苦手さを，タブレットPCを使ってどのように補うのかを知っていないと，学校の授業の中で自主的に使うことは困難です。

　使い方の例としては，以下のようなものがあります。

(1)　10個の漢字をそれぞれ10回ずつ書いてくる，という漢字の宿題を，「常用漢字筆順辞典」のような書き順が順番に示されるアプリを使って，10回漢字をなぞることに変更する。あるいは，マッピングアプリを使って，セントラルイメージに勉強する漢字を書いて，その回りに「読み方」「意味」「熟語」等のメインブランチを置き，そこから必要であればサブブランチとして，「読み方」であれば「音読み」と「訓読み」を書いて，それぞれを調べる学習にする。

(2)　日記等の文章を書く宿題では，音声入力アプリを使って文章を作成し，その文章をプリントアウトするか，手書きで紙に書き写す。プリントアウト

するときには，作成した文章をメールでプリンターに接続しているパソコンに送信し，パソコン上でその文章を印刷できるスキルが必要です。

(3) 国語の音読3回，という宿題に対して，音声で読み上げてくれるDAISY（デイジー）教科書を使って3回音読を聞くことに変更する。なお，音読を聞きながら文章を目で追って内容を理解するには，本人のワーキングメモリ等の認知力が関わってくるので，どのくらいの音読速度が適切なのかは，調整する必要があります。

Q 中学生になって英語だけとても苦手です。タブレットPCを使ってサポートできますか。

　日本語の読み書きでは大きな困難が目立たなかった子どもで，中学生になって英語学習が本格的に始まると，他の教科に比べて極端に英語の学習につまずく子どもがいます。どうしても綴りが覚えられない，覚えてもすぐに忘れてしまう，他の教科は80点ぐらい取れるのに英語だけ1桁得点，というような子どもです。

　このような子どもは，もともと読み書きに弱い困難があったと考えられます。

日本語	英語
「a」 ―	/ae/ Cat
	/ə/ Camera
	/a:/ Father
/a/=「あ」	/ei/ Cake
	/ɔ:/ Walk
	/e/ Any
	/a/ Yacht（米）
	/ɔ/ Yacht（英）

英語と日本語の違い

しかし，音と文字の一致度が比較的高い日本語では表に出てこなかった子どもです。英語は，音と文字の一致度が日本語よりも低い言語ですので，もとからもっていた読み書きの弱さが表に出てきてしまったのです。英語圏では，読み書き障害がある人は約10％いるといわれています。

　英語の評価はこれまで，LDI-R というチェックリストしかありませんでした。しかし，2017年に「中学生の英単語の読み書きの理解」（URAWSS-English）が出版され，英単語の語彙力と綴り力が評価できるようになりました。

英語の学習にもタブレットPCは補助代替に使えます。
　例えば，音声入力です。タブレットPCの音声入力は日本語だけではなく外国語の音声入力もあります。iOSのタブレットPCを使って英語で音声入力をする場合には，キーボードを英語入力にしておく必要があります。日本語入力キーボードで英語の音声入力をすると，カタカナ表示になってしまいます。Androidでは，音声検索の言語設定を英語に変更する必要があります。なお，発音があまりに日本語英語だと正しく変換されません。発音練習にもなります。
　キーボードでの入力も有効です。英語キーボードで入力していくと，日本語キーボードで日本語を入力しているときと同じように候補単語が表示されます。英語圏の有名なワープロソフトにCo:Writer（Don Johnston社）があります。これは単語予測機能を備えたワープロで，iOS用，Windows用，Google社のインターネットブラウザであるChrome用があります。このような単語予測を備えたワープロを使うと，単語の綴りを正確に書くことができます。
　ただし，合理的配慮の考え方からは，聴覚障害者の入学試験でヒヤリングが免除されるのと同じように，英語の読み書き障害者は英語の試験を免除されるべきかもしれません。

Q 中学校で高校入試に向けて
タブレット PC を使うときに
気をつけることはなんですか。

　高校入試に使うかどうかの前に，高校入試のどの部分にタブレット PC を使うのか，がはっきりとしていることが大前提です。以下は，使う部分がはっきりとしている，という前提での説明です。

　大学入試センター試験では，受験上の配慮申請を届け出る際に，高校時代等の配慮実績が必要になります。一方高校入試では，大学入試センター試験のような一律の配慮はなく，それぞれの高校及び教育委員会との話し合いになります。しかし，配慮申請が認められたこれまでの事例を見ると，中学校時代の実績が評価されていますので，高校入試においても，補助代替機器等の使用実績が必要になるでしょう。したがって，中学校時代に，学習にどのようにタブレット PC を使用したかは，具体的な記録をとっておくことが重要です。また，タブレット PC を使用することによって，本人の困難さが改善されたという客観的な根拠が必要になります。例えば，書字速度が毎分何字で，その速度は，同年齢の平均よりもマイナス1.5標準偏差以上遅く，しかしキーボードやタブレットで入力すると，同年齢の平均書字速度と同等になる，というような根拠です。

　ただし，この本を執筆している時点では，入試でパソコンが認められたケースはありますが，タブレット PC が認められた，というケースはないようです。ですから，パソコンを読み書き支援に使うことができているほうが，写真撮影も録音もできるタブレット PC より，入試で配慮として認められ

る可能性は高いかもしれません。

　しかし，入試で使える可能性が高いからパソコンの練習をする，という考え方は，この本で伝えているタブレットPCの使い方とは違います。なぜ使うのか，どこに使うのか，どのように使うのか，を明確にしたうえで，タブレットPCよりはパソコンのほうが自分の使い方により適している，ということであればパソコンを使う，その延長として入試でも使いたい，という流れは大切にしたいものです。

Q 高等学校でタブレットPCを使うときに気をつけることはなんですか。

　小学校や中学校では，大人の支援を受けながら使ったかもしれませんが，高校では，一つの道具として，独力で使用できるようになっていることが必要です。授業でも試験でも，文房具の一つとして使いこなしている状態を目指す必要があります。また，タブレットPCによる補助と，自力での解答をどう組み合わせるかを身につけておく必要もあります。

　例えば，国語のテストで長文問題を読まなければいけないときに，最初から最後まで音声読み上げを使うと，時間が通常よりもかかり，時間延長が認められていても，時間が足りなくなる危険性が高くなります。そのようなとき，キーワードを上手に拾って読み，内容の概略を理解する読み方（スキミング）ができる

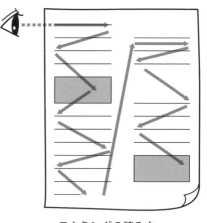

スキミングの読み方

かどうかが重要になります。まずスキミングでおおよその文意を理解し，必要な部分だけ音声読み上げを使う，という使い方ができれば，時間を上手に使って問題を解くことができるようになります。日本語の場合，意味のある内容は漢字で示されていることが多いので，漢字が正確に読めなくても，漢字の意味がわかれば文章内容はおおよそ理解できます。漢字の意味学習が重

要である理由です。

　筆記も同様で，授業でのノートテイクも試験もすべてキーボードで入力するという方針もあれば，ノートテイクはキーボード，試験は手書き，という方針もあります。試験をキーボードで入力する場合は，試験の採点をどうするか，先生や学校と話し合っておく必要があります。デジタルファイルの解答用紙を準備してもらうのか，問題番号と解答だけをテキストファイルとして入力して，それをプリントアウトして採点してもらうのか等々を決めておく必要があります。実例として，書字障害のある高校生で，書く分量が多い国語と歴史の授業だけキーボードでノートテイクをし，試験ではキーボードを使わないで，鉛筆で，しかしほとんどひらがなばかりで解答を書いている人がいます。それでも試験は書いた内容で評価してもらっています。この高校生は，中学生のときはキーボード入力で解答し，それをプリントアウトして採点してもらっていました。しかし高校では，書字障害があることを伝えて，採点の部分で配慮をしてもらうことに自分で決めました。

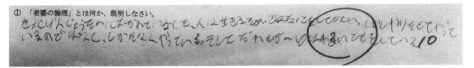

ひらがな中心での解答例

Q　タブレットPCを教室では
　　どのように管理すればいいですか。

　本人が自分の机で文房具と同じように管理する場合もあるでしょうし，朝登校したら，職員室まで持っていって担任の先生に預けて，必要なときに受け取りにいく場合もあるでしょう。

　例をあげると，朝登校したときに教室で担任の先生に預けている子がいます。その子は，国語の授業にだけ使うので，国語の時間の前に先生からタブレットPCを受け取り，国語の授業が終わると，先生に帰りまで預かってもらう，というやり方で管理しています。また別の子は，基本的にずっと自分で管理していて，帰りの会で連絡帳を書くときだけ，板書をカメラ撮影するために使っています。

　大切なことは，使っている本人が，タブレットPCの使い方だけではなく，使わないときの管理の仕方も熟知していることです。どの授業でも，最初から最後まで使う，という使い方はありません。ある教科のある学習活動のサポートだけに使う，という使い方になります。ですから，当然使わないときの管理の仕方も，タブレットPCを使う，ということの中に入っていなければいけないスキルです。そして，このスキルを身につけていないと，学校に持ち込むことはできません。

　教室の他の子どもの理解も重要です（「Q　タブレットPCを使うことを，他の子どもにどのように説明すればいいですか。」（p.94）参照）。タブレットPCを使っている本人にとっては，タブレットPCはメガネと同じ役割

をしていることを他の子どもが理解していれば，他の子どももタブレットPCを大切に扱ってくれるでしょう。また，タブレットPCに娯楽的なアプリは入っていないことがわかっていれば，タブレットPCに過剰な関心はもたないでしょう。

　担任の先生は，できる範囲で管理を手伝えばいいでしょう。合理的配慮は，「国連の障害者の権利に関する条約」第二条の定義に，「過度の負担を課さないもの」という条件がつきます。タブレットPCを教室に持ってきている子どもが，自分のタブレットPCを管理することが上手にできなくて，先生が過度の負担を感じるほど管理を手伝わなければいけないのであれば，その場合のタブレットPCは合理的配慮ではありません。子ども本人が上手に管理できるようになってから，教室にタブレットPCを持ってくるように話をすればいいでしょう。

事例でわかる！
具体的なタブレットPCの活用法

事例 1

すらすら音読ができない小学1年生

❶学校でのようす

　ひらがなの清音は，他の子よりは時間がかかりましたが，夏休みが終わる頃には読み書きすることができました。しかし，特殊音節の読み書きはまだ正確ではありません。カタカナはすぐに書けない文字もあり，カタカナを書いていてひらがなが混じってしまうこともあります。音読の宿題も，他の子と同じ分量をまじめにしてきているにもかかわらず，授業中の教科書の音読では1文字ずつでしか読めません。

　授業での発言は活発にします。また，その発言内容も，他の子よりも優れていることが多い子どもです。

　幼稚園での様子を保護者に聞くと，読み書きの学習に関心がなく，読み書きの時間は部屋から出て行って学習に入ろうとしなかったそうです。しかし，絵本の読み聞かせは大好きで，いつも一番前に座って聞いていたようです。

❷評価

　発達障害者支援センターに保護者が相談に行きました。そこで，読み書きに困難がある可能性を指摘され，医療機関を紹介されました。医療機関では，知能検査と読み書き検査を実施することになりました。WISC-Ⅳ，STRAW-R，URAWSSⅡ，「特異的発達障害診断・治療のための実践ガイドライン」を実施しました。結果は，WISC-Ⅳでは知的な遅れはありませんでした。STRAW-Rでは，「音読」では，ひらがな1文字15／20（z値－2.6）（1年生男18.9±1.5），「書取」では，ひらがな1文字15／20（z値－2.1）

（1年生男18.4±1.6），ひらがな単語13／20（z値－2.6）（1年生男19.0±2.3）と，ひらがなの読み書きの正確さに困難がありました。URAWSS Ⅱでは，書字速度には問題がありませんでしたが，読み速度71.5字／分（z値－2.2）（1年生243.4±77.3）と，読み速度に困難がありました。読み速度は実践ガイドラインでも，単音連続読み検査91秒（z値＋6.1）（1年生男38.8±8.5），単語速読検査の有意味語155秒（z値＋8.4）（1年生男37.8±14.0），単文音読検査97秒（z値＋11.4）（1年生男18.3±7.0）と困難がありました。

❸支援

　何よりも勉強が嫌にならないようにすることを第一目標にしました。具体的には，以下のようにしました。

　音読の宿題は，音読3回だったら1回は自分で読み，後の2回はタブレットPCに入れたDAISY教科書を聞くことに変更しました。DAISY教科書の申請は，担任の先生が，特別支援教育コーディネーターの先生のアドバイスを受けながら代理でしました。テストは，本人も嫌がらなかったので，読み上げ（代読）で実施することにしました。「字が大きいといい」と本人が言ったので，家庭で使っているタブレットPCを学校に持ってきてもらって，そこに入っているDAISY教科書を使って，本人が一番見やすい，と答える倍率を探しました。その倍率で，配付するプリントなどは拡大コピーすることにしました。また，タブレットPCのDAISY教科書を使って，背景色やフォントなどを変えて，本人が見やすい，と答える色やフォントを探しました。背景が黄色だと見やすい，と本人が言ったので，筆箱に入る大きさの3行程度の幅の黄色のカラーフィルターを用意して，教室ではそれを教科書に当てて使うことにしました。フォントはそのまま教科書体としました。

　この小学校には，特別支援教育支援員が配置されていたので，国語の授業では，特別支援教育支援員にこの子どもについてもらい，教科書の代読と，まとめをノートに書くときに代筆してもらいました。

事例2

漢字が書けない小学3年生

❶学校でのようす

　ひらがなとカタカナの読み書きには問題はありません。漢字も読むことには苦労していません。しかし，漢字テストは直前に勉強すれば100点を取るのに，次の日に同じ問題でテストをすると半分しか書けなくなってしまいます。先生は，漢字は読めるので，書けないのは覚えるときに真剣さが足りないからだと考えて，もっと集中して漢字学習をするように繰り返し指導しています。しかし，最近登校しぶりが出てきていて，休むことも増えてきています。

❷評価

　学校の先生は登校しぶりを気にして，小学校がある市の教育センターに相談をしました。教育センターの先生が本人に会って話を聞いていると，「漢字が覚えられない」，「書くことが嫌い」と話したので，読み書きの問題があるかもしれないと考え，読み書き検査の実施を提案しました。保護者に話したところ，知能検査の実施には同意しませんでしたが，読み書き検査には同意したので，小学校の相談室で読み書き検査だけを実施しました。STRAW-RとURAWSS Ⅱを実施しました。
　STRAW-Rでは，「音読」は問題がなく，「書取」の漢字単語10／20（z値－13.9）（3年生女19.7±0.7）と，漢字書字だけに困難がありました。URAWSS Ⅱでは，書字速度も読み速度も困難はありませんでした。ただし，URAWSS Ⅱの書字速度測定時の観察では，漢字は1字書くのに何度

も手本を見て1画ずつ書いていたり，ひらがなと漢字の速度が極端に違ったりする等，漢字を書くことに困難さがありそうな様子が見られました。

❸支援

　学校では，文章はひらがなばかりで書いていても，内容で評価してもらうようにしました。そのかわり本人には，「おもしろかった」とか「たのしかった」とか短く書いておしまいにしないように，理由を3つ考えることを繰り返し指導しました。漢字ドリルの宿題は，タブレットPCのアプリである「常用漢字筆順辞典」を使って，それぞれの漢字を3回書き順通りなぞって終わりにしてもらいました。

　将来のことを考えて，キーボード入力の練習を勧めました。タブレットPCに外付けのキーボードをつけて，タッチタイピングの練習をしました。キーボードの練習は家庭でしました。音を聞いてキーボードを叩く練習をしました。それは，大人に「た」といってもらい，ホームポジションの左手の人差し指が右斜め上の「T」を叩き，すぐ後で左手の小指のホームポジションの「A」を叩く，というような練習です。練習の成果があって，現在では，同級生の平均書字速度である20.8字／分と同じくらいの速度の22字／分という入力速度になっています。

　学校で漢字を書かなくても注意されなくなったことと，家庭でタブレットPCを使うようになって漢字の宿題の負担感が減ったことで，楽になった，と本人は話し，登校しぶりはなくなりました。本人はタブレットPCを学校に持っていくつもりはまだありません。でも，家では自主学習の宿題に使うようになってきていて，タブレットPCを使ってインターネットで調べたことを，まずタブレットPCでキーボードを使って入力し，それを手書きで書き写して提出しています。

事例3

相談室登校の小学6年生

❶学校でのようす

　教室への登校は5年生からできなくなっていて，現在は相談室登校です。相談室には，朝，担任の先生が学習プリントを持ってきて，そのプリントを相談室担当の先生と一緒に取り組むことが唯一の勉強になっています。しかし，好きな理科のプリントはしても国語や算数はしようとしません。

❷評価

　相談室登校が継続していることから，地元の大学の先生に相談しました。4年生のときに書いたものはほとんどひらがなばかりで短い文しかないこと，本人が「書くのがめんどくさい」，「字を見てもいらいらするだけ」と言っていること等から，読み書きの困難が疑われ，読み書き検査の実施が提案されました。理科のプリントの解答を見ると，知的な問題はなさそうだったので，知能検査は実施しないことになりました。

　STRAW-Rは，「音読」では漢字単語4/20（z値－5.6）（小学6年生男19.2±2.7），「書取」ではひらがな単語16/20（z値－1.9）（小学6年生男19.7±2.0），カタカナ単語11/20（z値－3.4）（小学6年生男19.2±2.4），漢字単語0/20（z値－2.7）（小学6年生男14.6±5.4）と，漢字の読み書きだけではなく，ひらがなとカタカナの書字にも困難がありました。URAWSS Ⅱでは，読み速度154.3字／分（z値－2.2）（小学6年生以上445.5±131.3）と，読み速度だけに困難がありました。

❸支援

　家庭にはタブレットPC（iPad）があったので，それを学習支援に使うことにしました。タブレットPCは，家庭ではゲームに使うか動画サイトを観るかしか使っていない，とのことでした。娯楽の道具としてのタブレットPCを学校に持ってくることには，先生たちの反対がありました。学校ではインターネットに接続できないので，動画サイトを見る心配はありませんでした。しかしゲームは，オフラインでもできるので困りました。そこで，ICT支援員に相談したところ，iPadであれば，特定の一つ以外のアプリは使えない状態にできることを教えてもらいました。アクセスガイドという機能です。アクセスガイドは，あるアプリの中で触っても反応しない部分の画面を設定できるのと，1台のiPadで一つのアプリ以外は使えない状態にも設定できます。この後者の設定を使って，「タッチ＆リード」という，学習プリントや試験問題を写真にして取り込んで，文字を音声化して読みながら，答えをキーボードで書き込めるというアプリを使うことにしました。

　タッチ＆リードを立ち上げてアクセスガイドを開始します。このとき，パスコードを入力するので，このパスコードは大人が管理することを本人が納得している必要があります。アクセスガイドが開始されると，ホームボタンを押してもホーム画面に戻らなくなります。タッチ＆リード上で，いつも取り組む理科のプリントを写真撮影して取り込みます。問題文を音声化して聞いて理解しながら，解答欄に答えをキーボードか手書きで書いていきます。

　抵抗感の少なかった理科のプリントから始めて，算数と国語のプリントにも取り組むようになりました。ゲームは学校ではしない，というルールを子どもと一緒につくったので，アクセスガイドも使わなくなりました。算数は，九九を正確に覚えていない様子だったので，電卓を使ってもよいことにしました。今では，プリントが終わるとタブレットPCを自分のカバンの中にしまうようになっています。学習専用のタブレットPCを用意することを，保護者と先生たちは話し合っています。

事例4

英単語の綴りが覚えられない中学1年生

❶学校でのようす

　英語の綴りがほとんど覚えられない，と先生にも親にもつらそうな様子で話します。「『学校』は」と聞かれると，「スクール」と口頭では答えられます。しかし，「school」と正確に綴れず，「skool」と書いてしまいます。リスニングは満点に近い点数が取れます。英会話も上手にできます。しかし，リーディングとライティングはまったくといってよいほど点数が取れません。5教科の試験では，他の教科は70点から80点も取れるのに，英語だけ10点にも届かないことが多く，先生たちもどう支援をしてよいのか困っています。最近では，英語の時間だけ体調不良を訴えて保健室に行くことも増えています。

❷評価

　読み書き障害の支援をしている大学附属の相談機関に相談しました。その相談機関で，現在の日本では唯一の英語の読み書き検査であるURAWSS-Englishを実施しました。その結果は，E→J課題①（英単語を日本語で解答）20／20（中学1年生15.96±5.25），J→E課題①（日本語を英単語で解答）0／20（中学1年生8.76±6.13），J→E課題②（日本語にあてはまる英単語をひらがなかカタカナで解答）20／20（中学1年生14.07±3.90）と，意味と音は学習できているのに，綴りだけが書けない状態，ということがわかりました。念のため，STRAW-Rを実施したところ，漢字単語の書取5／10（中学1年生7.25±9.00）と，漢字書字の成績は平均以下でした。

さらに，音韻検査を実施したところ，逆唱の反応時間が平均値よりも大幅に長く，音韻意識が弱いこともわかりました。

❸支援
　音韻意識の弱さがあって，元々読み書きの弱さがあったと思われます。本人から話を聞くと，漢字の学習は苦手だった，とのことでした。ただし，STRAW-R の結果からもわかるように困難レベルではなかったので，本人は，自分の努力不足と思っていたようです。
　本人には，英単語の綴りが覚えられないのは努力不足ではない，ということを伝えました。元々もっていた音韻意識の弱さが原因である可能性があることも説明しました。そのうえで，現在もできているリスニングに力を入れることと，タブレット PC を家庭で，英語学習の支援に使ってみることを提案しました。
　タブレット PC では，英語の音声入力を試しました。インターネットに接続している環境で，タブレット PC のキーボードを英語入力にしてから英語で話す，という手順を教えました。音声入力すると，発音に問題がなければ即座に英語に正確に変換されます。自分の発音で問題がないことを確認して，自信がついた，と本人は話しました。次に，予測変換機能がついた英語ワープロである「Co:Writer」を紹介しました。例えば，「T」だけを最初に入力すると，候補語として「That」「The」「They」が出てきます。「They」を選択すると，「have」「are」「were」が候補語として出てくる，というように，文法的に可能な候補語が出てくるワープロです。このワープロを使って，英文法の学習をすることにしました。
　その後も英語の試験の得点は低いのですが，自分に合った勉強の仕方で英語も勉強できることがわかったのか，英語の授業には出席するようになっています。

事例5

学校での配慮を拒否している読み書きに苦労している中学2年生

❶学校でのようす

　小学校5年生のときに，医療機関で「学習障害（読字書字）」の診断を受けています。診断が出た後から通級指導教室に通いました。その通級指導教室は，タブレットPCを使った学習を積極的に導入していて，録音による感想文作成，漢字学習アプリ，朗読付きの物語を聞く等の学習をしました。学校の授業も，口頭でのやりとりを中心にした授業で，作文等はひらがな中心に書いても内容で評価してもらいました。

　しかし，中学校に入学してからは，他の同級生と違うことはしたくない，と通級指導教室に通うことは拒否しました。中学校の校長先生は，高校入試への配慮申請も視野に入れて，本人が希望すれば，試験時間延長等の配慮もする，と提案しているのですが，本人は拒否しています。成績はどの教科もふるわず，5教科でギリギリ100点程度です。

❷評価

　保護者が地域の特別支援学校の教育相談担当者に相談しました。相談の主訴は，読み書き検査を受け，今のうちに配慮実績をつくって，高校入試に配慮申請をしたい，ということでした。

　小学校5年生のときの評価は，次のような結果でした。STRAW-Rでは，「音読」は問題がなく，「書取」は，カタカナ単語10／20（z値−3.9）（小学5年生男18.5±2.2），漢字単語6／20（z値−1.9）（小学5年生男14.9±4.6）と，カタカナと漢字の書字に困難がある状態でした。URAWSS Ⅱでは，

書字速度13.7字／分（z値－2.1）（小学5年生29.3±7.3），読み速度113.3字／分（z値－2.2）（小学5年生444.0±148.9）と，書字速度にも読み速度にも困難がありました。

　教育相談担当者が本人と話をしましたが，「困っていない」の一点張りでした。本人の気持ちを尊重して，保護者とも相談し，今回は検査は実施しないことにしました。しかし，授業の様子を見ることは認めてくれたので，授業参観をして行動観察を行いました。授業では，聞いて覚えようとしている様子がうかがえました。しかし，授業の後半は疲れてくるのか，あくびをしたり，机の上に目を落としたままだったりして，授業を聞いていませんでした。また，各自がプリントに取り組み始めても何もしないで，先生に促されてやっと筆記用具を手に取っていましたが，書くことはしませんでした。

❸支援

　小学校5年生時の読み書き検査の結果と現在の授業での様子から，読み書きの困難さが学習に影響していると考えられました。タブレットPCは，小学生のときの通級指導教室で使ったことがあるのと，現在家庭にある，とのことだったので，家庭でDAISY教科書を使って，聞いて覚えることを提案しました。教科書は，本人が好きだ，という社会の教科書にしました。集中できる時間が長くないようなので，10分間DAISY教科書を聞いたら3分間休む，というインターバルでの勉強を提案しました。その時間管理には，タブレットPCのタイマーを使いました。各教科のワークブックを自習して提出する宿題は，これまで未提出だったので，家庭でワークブックをタブレットPCで写真にとって，その写真にタブレットPC上のキーボードで答えを記入することにしました。答えを記入した写真を職員室で担任に見せることで，ワークブックの提出と認めてもらうことになりました。

　学校での授業中の様子に変化はまだ見えません。しかし，家庭ではワークブックに取り組むことが習慣化しました。

事例6

学習意欲がなく留年しそうな高校1年生

❶学校でのようす

　高校に入学してから夏休み前までは，授業中はノートをとり，提出物も出していました。しかし，中間テストも期末テストも，全教科いわゆる赤点で，夏休み明けからは，授業中は机に顔を伏せていて，先生が注意をしても無視をするし，提出物もまったく出さなくなってしまいました。担任の先生は何度か個別面談をしました。面談中は反抗的な態度はとりませんが，無言でいることが多く，しゃべったとしても，「何もしたくない」「どうでもいい」等の無気力な発言しかありませんでした。保護者にも，「このままでは留年することになる」と伝えました。しかし，生徒の態度には変化はありませんでした。

❷評価

　心理的な問題があると考えて，スクールカウンセラーが本人と面談しました。その面談時に，本人が，「本は読まない，マンガも見ない」「字を見ると頭が痛くなる」「シャープペンは持ちたくない」等々と話したので，スクールカウンセラーは，読み書きに困難をもっているかもしれない，と考え，地域の特別支援学校の教育相談担当者に連絡をとりました。特別支援学校の教育相談担当者も読み書き困難を疑ったので，担任の先生，特別支援教育コーディネーターの先生と相談をし，保護者と本人の同意を得て，知能検査と読み書き検査を実施することになりました。
　知能検査はWAIS-Ⅲを実施しました。結果は，全検査IQは境界域でし

たが，知的に遅れがあるレベルではありませんでした。読み書き検査はURAWSS ⅡとSTRAW-Rを実施しました。結果は，URAWSS Ⅱでは，読み速度157.1字／分（z値－2.2）（小学6年生以上445.5±131.3），書字速度32.0字／分（z値－0.9）（高校生41.5±10.4），STRAW-Rは中学生までの課題ですが，漢字単語の読み3／10（中学3年生の平均値を使ってのz値－2.0）（中学3年生7.08±2.08），漢字単語の書き0／10（中学3年生の平均値を使ってのz値－2.7）（中学3年生7.24±2.68）でした。書き写す速度には問題がないので，小学校や中学校では問題ない，とされてきたのかもしれません。しかし，漢字の読み書きは，中学3年生の平均値と比較しても大幅に困難でした。

❸支援

　楽に勉強ができる体験をし，学習意欲を取り戻すことを目標にしました。具体的には，持っていたスマートフォンも使うことにしました。漢字プリントをメールアプリで変換して解答する，作文を音声入力アプリを使って書く，教科書を家族に読んでもらうか録音アプリに録音してもらうかして，それを聞きながら勉強する等々をしました。これらの支援方法は，担任の先生，特別支援教育コーディネーターの先生，保護者が同席している場で，支援のデモを見てもらいました。担任は，冬期休業中の作文は音声入力で書くように，と本人に強くいったり，国語の授業を担当している特別支援教育コーディネーターは，教育相談室で教科書の音読をして試験勉強を手伝ったりしました。保護者は，定期試験の勉強の際に，家庭で教科書を音読しました。その結果，試験は，これまではすべての教科で追試を受ける状態だったのが，他の生徒よりも成績がよかった教科も出てきました。授業中は顔をあげているようになり，提出物も出すようになって，その後の高校生活を無事に過ごし，高校を卒業して体を使うことが中心の仕事に就きました。

事例7

大学進学を希望している
学習障害の診断がある高校2年生

❶学校でのようす

　小学校3年生のときに，同級生との対人トラブルが頻発し，医療機関に相談に行って自閉症スペクトラム障害と診断されました。その後，通級指導教室に通うようになって対人スキルが上がり，対人トラブルの問題は目立たなくなりました。しかしその代わりに，漢字が書けないという問題が目立ってきました。6年生のときに，以前相談をした医療機関で「学習障害（書字障害）」の診断が出ました。中学校は，教室に人が少ないから，という理由で，自閉症特別支援学級を選択しました。高校は単位制高校に入学しました。現在，大学進学を考えています。

❷評価

　学習障害のある高校生の大学進学を支援している大学に相談しました。その結果，大学入試への配慮申請をするための資料作りのために，現在の読み書きの力を，大学の研究員が評価することになりました。小学校6年生のときの読み書き検査では，STRAW-Rにおける漢字単語の書取が6／20（z値－1.7）（小学6年生男15.0±5.4）と，漢字書字に困難さがありました。しかし，それ以外の困難さはない，という検査結果でした。今回は，URAWSS ⅡとKABC-Ⅱの読み書き検査を実施しました。URAWSS Ⅱでは，書字速度26.0字／分（z値－1.5）（高校生41.5±10.3）と困難がありました。小学校6年生時の書字速度は25.0字／分（z値－0.7）（小学6年生31.3±9.1）と現在と同レベルの書字速度ですが，小学6年生の平均値から

判定すると問題がなかったことになります。今回は高校生の平均値で評価したところ，困難レベルと判定されました。KABC-Ⅱでは，「言葉の書き」の粗点は25点で，これは9歳相当になります。一方「言葉の読み」の粗点は70点で17歳相当，「文の構成」の粗点は16点で16歳6ヶ月以上相当でした。

❸支援

　現在の高校では，パソコンをノートとして使うことが認められています。本人は大学入試でも使いたい，と考えています。そこで，キーボード入力速度を，大学の研究員が測定しました。測定には，URAWSS Ⅱに付属している，書字速度測定課題と難易度が同じ課題（URAWSS Ⅱの手引き書には「介入課題」となっています）を使いました。その結果，30.3字／分でした。この速度は，実用レベルではありますが，小学6年生平均でしたので，高校生の平均書字速度である40字／分を目標にして練習することにしました。実際に入力している様子を見ると，我流の入力方法だったので，指のホームポジションと各キーに対応する指を守って入力速度をあげることにしました。

　キーボードは試験では使っていないので，高校に合理的配慮の申請をして，試験でも使っている，という実績をつくることにしました。この申請時に問題になったのが，解答用紙をどうするか，でした。話し合いは，本人，保護者，担任の先生，特別支援教育コーディネーター，大学の研究員で実施しました。その結果，試験のときのパソコンは高校が用意することになりました。解答用紙は，デジタルファイルの解答用紙を準備して，貸し出すパソコンに最初から入れておくことになりました。これは，パソコン操作に詳しい教員がその高校にいたからであり，他の高校では難しいことであったかもしれません。

　高校のほうも初めてのことで，大学の研究員のアドバイスを受けながら，本人の実績づくりを手探りで進めています。

あとがき

　平成28年4月に障害者差別解消法が施行されました。この法律では，不当な差別的取扱いと合理的配慮の不提供が障害者差別であるとされています。書字障害があって，鉛筆とノートを使った学習では困難があるけれども，キーボードを使うと他の子どもと同様に学習ができるならば，キーボードは合理的配慮であり，その提供を拒むことは差別となる，ということです。このような合理的配慮としてのタブレットPC等は，今後ますます通常の学級での使用が進むと思われます。障害者差別解消法は，診断のある人を想定した法律ですが，タブレットPCによる学習サポートは，診断がなくても使っていけばよいことを，本書では説明してきました。このことは，特別支援教育においては，医師の診断は必須ではなく，教育的ニーズがある子どもに対して必要な支援を行うことが重要であるとされていることと同じです。

　希望学という研究があります。その中で，希望があると答える大人の要因を調べた結果があります。それによると，大人になって希望があると答えた人には，次の4つの要因があったそうです。友だちが多い，子どもの頃に家族から期待されていた，挫折したことがある，そして，小学校6年生のときになりたい職業があった，というものです。ところで，一人の読み書き障害がある小学校6年生は，こんなことを言いました。「将来の夢なんてない。だって，すらすらと正しく読んだり書いたりすることが難しいから，高校には行けないし，就職試験に合格するはずがないから」。もし，希望学の研究結果から逆がいえるのであれば，この小学校6年生は希望がない大人になってしまう，ということです。文字の読み書きが他の子よりも少しだけ苦手，という理由だけでです。

　ルイ・アラゴンの「ストラスブール大学の歌」という詩の中に，「教えるとは　希望を語ること」という有名な一節があります。確かに，大人は学校

で子どもたちに対して希望を語っているのかもしれません。しかし，子ども自身が希望を持つことができるように語らないことには，単なる自己満足にすぎないかもしれません。この本は，大人が語る希望が，学習サポートが必要な子ども自身にとって具体的で可能な希望となるために，一つの方法としてタブレットPCをサポートツールとして使う，という立場で書かれました。

　ルイ・アラゴンは，「教えるとは　希望を語ること」の後に，「学ぶとは誠実を胸にきざむこと」と書いています。学習サポートが必要な子どもたちにとって，タブレットPCが誠実を胸にきざむための一助となることを願って，筆を置きます。

2019年2月

河野　俊寛

付　録

用語解説（ABC順）

Cellular：セルラー。電話回線のことです。タブレットPCのCellularモデルは，電話が通じる場所であればどこでもインターネットに接続できる，という利点があります。ただし，Wi-Fiでのネット接続に比較すると通信速度は遅い，という欠点はあります。しかし，高速化した電話回線を使える地域が増えてきていますので，電話回線は遅いと一概にはいえない状況もあります。

クラウド：インターネットなどのネットワークに接続されたコンピュータ（サーバー）が提供するサービスを，ネットワーク経由で手元のパソコンやスマートフォン等で使う利用形態のことをいいます。本書にも出てきた音声入力アプリでは，変換辞書はクラウド上にあります。ですから，クラウドにつながるネット環境がないと使えない，ということになります。

合理的配慮：Reasonable Accommodationの訳語。reasonableというのは「合理的な」「分別のある」「無理のない」という意味で，accommodationというのは「適応」「調整」「融通」という意味です。つまり，合理的配慮とは，障害があるためにおこる問題の解決を，各人の自助努力だけに求めるのではなく，社会的環境を論理にかなった適切な変更や調整をすることによって解決する，というものです。日本も2014年1月に批准した，国連の「障害者権利条約」においては，「障害者が他の者と平等にすべての人権及び基本的自由を享有し，又は行使することを確保するための必要かつ適当な変更及び調整であって，特定の場合において必要とされるものであり，かつ，均衡を失した又は過度の負担を課さないものをいう」と説明されています。

ICT：アイシーティー。Information and Communication Technology の略で，情報通信技術のことです。コンピュータやネットワーク等の，情報や通信に関連する科学技術の総称です。ICT より前から使われている IT（Information Technology）も同義語です。しかし，国際的には ICT のほうが定着していますし，日本でも総務省や文部科学省等の行政機関では ICT が使われています。特別支援教育分野では AT（Assistive Technology）も使われています。これは「支援技術」と訳されています。本書で主張しているタブレット PC の使い方は，AT としての使い方です。

Wi-Fi：ワイファイ。Wireless Fidelity の略。ケーブルなしでネットワークに接続する技術のことです。厳密にいうと，無線 LAN 規格の一つなのですが，無線 LAN イコール Wi-Fi として使われています。無料の Wi-Fi スポット利用ではなく，家庭等で Wi-Fi を使うためには，インターネットプロバイダと契約し，さらに Wi-Fi ルーターが必要になります。タブレット PC 等をその Wi-Fi ルーターに接続してインターネットにつなげることになります。

参考サイト等（ABC順）　　※2019年1月現在

AT2ED（http://at2ed.jp/）
　東京大学・学際バリアフリー研究プロジェクトのサイト。支援機器に関連する情報が公開されています。

DO-IT（Diversity, Opportunities, Internetworking and Technology）**Japan**（https://doit-japan.org/）
　障害や病気のある小中高校生・大学生の高等教育への進学とその後の就労への移行支援を通じ，将来の社会のリーダーとなる人材を育成するプログラムです。報告書がホームページからダウンロードできます。その報告書の中に，タブレットPCの具体的な使い方等が書かれています。

ハイブリッド・キッズ・アカデミー（http://www.softbankplayers.co.jp/buriki/）
　ＳＢプレイヤーズ株式会社が運営している，学習に困難を感じている子どもたちにテクノロジー（スマートフォン・タブレットなど）を使った新しい学び方・学ぶ技術を伝える塾です。授業は，東京会場は金曜日と土曜日と日曜日に，大阪会場は土曜日に行われています。

発達障害のある子供たちのためのICT活用ハンドブック　通常の学級編
（http://jouhouka.mext.go.jp/school/pdf/tsujo_tsukuba.pdf）
　通常学級に在籍する学習に困難がある子どもへのICT活用をテーマにしたハンドブックです。活用実践，効果がある理由，活用するために必要な考え方等々を知ることができます。

平林ルミのテクノロジーノート（http://rumihirabayashi.com/）
　本書で紹介したタブレットPCの使い方が，使用アプリも一緒に説明されています。

kintaのブログ（http://magicaltoybox.org/kinta/）
　タブレットPC等のアプリが紹介されています。

魔法のプロジェクト（http://maho-prj.org/）
　東京大学先端科学技術研究センターとソフトバンクグループが実施している，タブレットPC等を活用した障害のある子どもたちの生活や学習支援についての研究・実践です。過去の報告書等がダウンロードできます。

Microsoftアクセシビリティホーム（https://www.microsoft.com/ja-jp/enable/jissen.aspx）
　Microsoft社のホームページで提供しています。学習に困難のある子どものICT活用実践例を紹介しています。特別支援教育向けWindows Storeアプリリストも，このサイトからダウンロードできます。

特別支援教育教材ポータルサイト（http://kyozai.nise.go.jp/）
　国立特別支援教育総合研究所ホームページの中のサイト。支援機器や事例が紹介されています。

東京都障害者IT地域支援センターのアプリ一覧（http://www.tokyo-itcenter.com/600setubi/tenji-soft-10.html#sma-0100）
　タブレットPC等のアプリが目的別に分類されています。iOS用とAndroid用にも分けられています。

「読み」や「書き」に困難さがある児童生徒に対するアセスメント指導・支援パッケージ（http://www.fukuisec.ed.jp/）
　福井県特別支援教育センターホームページの中の特設ページに掲載されています。タブレットPC等の活用方法や事例が紹介されています。

参考文献（ローマ字表記にして ABC 順）

バーバラ・エシャム（文）・マイク＆カール・ゴードン（絵）・品川裕香（訳）（2013）『算数の天才なのに計算ができない男の子のはなし』岩崎書店

ブザン教育協会（2010）『小学生のためのマインドマップで作文すらすらワーク』小学館

濱口瑛士（2015）『黒板に描けなかった夢』ブックマン社

濱口瑛士（2017）『書くことと描くこと』ブックマン社

井上智・井上賞子（2012）『読めなくても，書けなくても，勉強したい』ぶどう社

井上智（2018）『夢見た自分を取り戻す』エンパワメント研究所

伊藤史織（2017）『異才，発見！』岩波新書

金森克浩（2013）『特別支援教育と AT　第 2 集』明治図書

金森克浩（2013）『特別支援教育と AT　第 3 集』明治図書

金森克浩（2014）『特別支援教育と AT　第 4 集』明治図書

金森克浩（2014）『特別支援教育と AT　第 5 集』明治図書

金森克浩（2015）『特別支援教育と AT　第 7 集』明治図書

金森克浩（2016）『決定版！特別支援教育のためのタブレット活用』ジアース教育新社

金子正晃（2014）『デジタルマインドマップ超入門』ディスカバー・トゥエンティワン

加藤醇子（2016）『ディスレクシア入門』日本評論社

近藤武夫（2016）『学校での ICT 利用による読み書き支援』金子書房

河野俊寛（2012）『読み書き障害のある子どもへのサポート Q＆A』読書工房

河野俊寛・平林ルミ・中邑賢龍（2017）『小中学生の読み書きの理解（URAWSS Ⅱ）手引き』atacLab

牧野綾（2018）『読みたいのに読めない君へ，届けマルチメディア DAISY』日本

図書館協会

村田美和・平林ルミ・河野俊寛・中邑賢龍（2017）『中学生の英単語の読み書きの理解（URAWSS-English）手引き』atacLab

中邑賢龍（2007）『発達障害の子どもの「ユニークさ」を伸ばすテクノロジー』中央法規

中邑賢龍・近藤武夫（2012）『発達障害の子を育てる本　ケータイ・パソコン活用編』講談社

中邑賢龍・近藤武夫（2013）『タブレットPC・スマホ時代の子どもの教育』明治図書

中邑賢龍（2015）『学校の中のハイブリッドキッズたち』こころリソースブック出版会

日本盲人社会福祉施設協議会情報サービス部会（2015）『障害者の読書と電子書籍』小学館

佐藤里美（2018）『特別支援教育ですぐに役立つ！ICT活用法』学研プラス

品川裕香（2010）『怠けてなんかない！セカンドシーズン』岩崎書店

藤堂栄子（2009）『ディスレクシアでも大丈夫！』ぶどう社

藤堂栄子（2016）『ディスレクシアでも活躍できる』ぶどう社

特異的発達障害の臨床診断と治療指針作成に関する研究チーム（2010）『特異的発達障害診断・治療のための実践ガイドライン』診断と治療社

梅永雄二（2007）『こんなサポートがあれば！2』エンパワメント研究所

宇野彰・春原則子・金子真人・Taeko N. Wydell（2017）『改訂版　標準　読み書きスクリーニング検査（STRAW-R）』インテルナ出版

山田雅夫（2003）『ケータイ「メモ撮り」発想法』光文社新書

【著者紹介】

河野　俊寛（こうの　としひろ）
1957年生まれ。金沢星稜大学人間科学部教授。獣医師，中学校教員，特別支援学校教員，東京大学先端科学技術研究センター研究員を経て現職。東京大学大学院工学系研究科博士課程修了。博士（学術），言語聴覚士。専門は，子どもの書字の発達研究，文字の読み書きやコミュニケーションに困難がある子どもに対してのテクノロジーを活用した支援臨床。社会に適応しにくい子どもたちが，あるがままではなく，しかし，自身のユニークさを損ねないで社会生活を送れることを目指して研究と臨床を行っている。読み書き検査の『小中学生の読み書きの理解（URAWSS II）』の開発者である。主な著書に，『子どもの書字と発達』（福村出版，2008），『読み書き障害のある子どもへのサポートQ&A』（読書工房，2012）等がある。

〔本文イラスト〕木村美穂

特別支援教育サポートBOOKS
タブレットPCを学習サポートに使うためのQ&A

2019年3月初版第1刷刊	©著　者	河　野　俊　寛
2020年5月初版第3刷刊	発行者	藤　原　光　政
	発行所	明治図書出版株式会社

http://www.meijitosho.co.jp
（企画）林　知里（校正）井草正孝
〒114-0023　東京都北区滝野川7-46-1
振替00160-5-151318　電話03(5907)6703
ご注文窓口　電話03(5907)6668

＊検印省略　　組版所　中　央　美　版

本書の無断コピーは，著作権・出版権にふれます。ご注意ください。

Printed in Japan　　　　　　　　ISBN978-4-18-077129-5
もれなくクーポンがもらえる！読者アンケートはこちらから→